WAS IST WAS

NATUR WISSEN SCHAFTEN easy!

REAKTIV!

Chemie um uns herum

Dr. Manfred Baur

TESSLOFF

Chemie – die Elemente

Chemische Bindungen

Feuer und Flamme

Das Elektronenspiel

Chemie – die Elemente

Chemie ist jene Naturwissenschaft, die sich mit Veränderungen von Stoffen befasst, also mit all den Substanzen, die uns umgeben und aus denen wir bestehen. Um sich in der Welt der Chemie zurechtzufinden, braucht es einiger grundlegender Kenntnisse, die sich Chemiker und vor ihnen Alchemisten über Jahrhunderte mühsam erarbeiten mussten. In der Frühzeit der Chemie war es ein Stochern im Dunkeln, und viele Entdeckungen waren allein dem Zufall zu verdanken, denn es fehlte an geeigneten Modellen und Theorien.

Bausteine der Chemie

Das änderte sich erst, als Naturforscher herausfanden, dass es grundlegende Bausteine der Chemie gibt: die chemischen Elemente. Zu den größten Errungenschaften der Chemie zählt die Entdeckung des Periodensystems, in dem die Elemente in einer Art Tabelle geordnet sind – du findest eines ganz hinten im Buch. Es umfasst alle 118 heute bekannten Elemente: vom Wasserstoff, dem leichtesten und auch häufigsten Element im Universum, bis zum künstlich hergestellten Oganesson, dem schwersten chemischen Element. Vom Oganesson wurden bislang nur einige wenige Atomkerne hergestellt.

Winzige Atome

Wirklich verstehen konnte man das chemische Verhalten der Elemente und die Ordnung im Periodensystem erst, als man erkannte, dass die Stoffe aus Atomen bestehen und diese aus noch kleineren Bausteinen aufgebaut sind, darunter die Elektronen. Elektronen spielen eine ganz besondere Rolle in der Chemie. Denn sie entscheiden über die chemischen Eigenschaften der Elemente und wie sie miteinander reagieren.

Gold bleibt Gold
Gold besteht aus nur einer einzigen Atomsorte, aus Goldatomen. Es lässt sich auch mit chemischen Methoden nicht weiter zerteilen. Somit ist Gold eines von den insgesamt 118 bekannten chemischen Elementen.

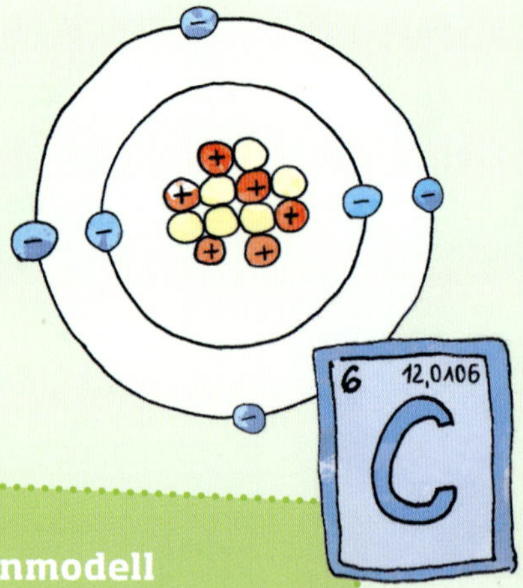

Schalenmodell
Es gibt verschiedene Atommodelle. Für den Chemieanfänger empfiehlt sich das einfache Schalenmodell von Niels Bohr.

Gefaltete Luftballone?

Was soll denn das sein? Ganz klar, das sind Orbitale – darin halten sich die Elektronen auf. Das Orbitalmodell ist ziemlich schick, aber auch schwieriger zu verstehen als das Schalenmodell. Dafür erklärt es den Atombau und das Verhalten der Elemente am besten.

Der Traum der Alchemisten

Alchemisten träumten von der Transmutation der Elemente und scheiterten bei all ihren Versuchen, unedle Metalle in Gold umzuwandeln. Heute wissen wir, dass sich kein Element mit den Methoden der Chemie in ein anderes umwandeln lässt. Chemiker können lediglich die Atome so wie sie sind neu anordnen. Gold aus unedlen Metallen herzustellen, das können nur Kernphysiker mit sehr aufwändigen Apparaturen – und dann auch nur in winzigen Mengen.

Sitzordnung

Jedes Element hat seinen festen Platz im Periodensystem. Wo es hingehört, bestimmt die Anzahl der Elektronen im Atom.

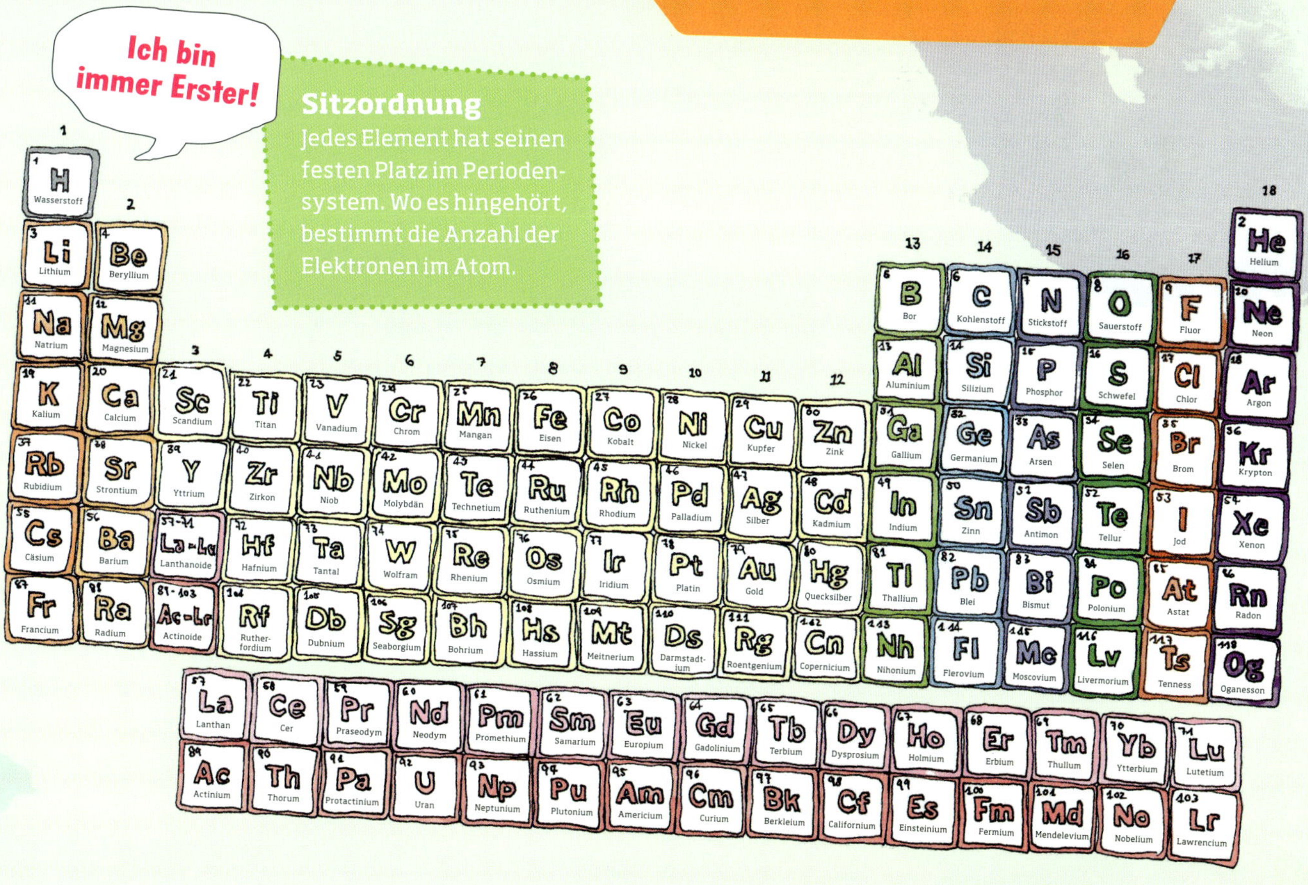

Was ist Chemie?

Allgemeine Chemie

Der Chemieanfänger muss erst lernen, die wichtigen Prinzipien der Chemie zu verstehen. Was sind Elemente und was Verbindungen? Was sind Atome, und wie sind sie aufgebaut? Wie verbinden sich Atome zu Molekülen?

Anorganische Chemie

Diese Disziplin befasst sich mit den chemischen Verbindungen der nichtbelebten Natur. Chemikerinnen untersuchen die Zusammensetzung und Struktur dieser Stoffe. Da etwa 90 Elemente natürlich vorkommen, kannst du dir vorstellen, wie vielfältig die anorganische Chemie ist.

Organische Chemie

Hier geht es um Moleküle, die zu einem großen Teil aus Kohlenstoffatomen bestehen. Solche Moleküle spielen eine wichtige Rolle in lebenden Zellen. Weil Kohlenstoffatome sehr vielfältige chemische Bindungen eingehen können, gibt es Millionen von organischen Verbindungen.

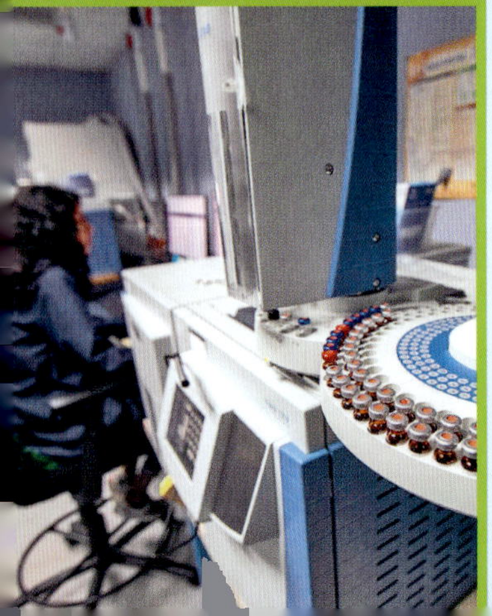

Analytische Chemie

Manchmal geht es nur darum herauszufinden, aus welchen Substanzen eine Stoffmischung besteht, dann wiederum möchte man die genauen Mengen ermitteln. Manche Analysen lassen sich mit einfachen Methoden im Labor durchführen, für andere benötigt man spezielle Analysegeräte.

Die Welt um uns herum und auch wir selbst bestehen aus unzähligen unterschiedlichen Stoffen. Die Chemie ist jene Naturwissenschaft, die sich mit Aufbau, Eigenschaften und Umwandlung dieser Stoffe befasst. Warum sehen sich Diamanten und der Grafit in einem Bleistift ganz und gar nicht ähnlich, obwohl beide Stoffe ausschließlich aus Kohlenstoffatomen bestehen? Die Chemie hat eine Erklärung dafür: Die Atome sind über unterschiedliche chemische Bindungen miteinander verknüpft. Besonders spannend sind stoffliche Veränderungen, die sich mit dem Lösen bestehender chemischer Bindungen und dem Bilden neuer Bindungen erklären lassen. Chemiker und Chemikerinnen untersuchen die Stoffe und finden mit verschiedensten Methoden heraus, aus was die Stoffe bestehen und wie sie aufgebaut sind. Man nennt diesen Teil der Chemie analytische Chemie. Chemiker stellen aber auch neue Stoffe her, indem sie Substanzen miteinander reagieren lassen. Dieses Vorgehen nennt man Synthese. Denk nur an die vielen Medikamente oder Kunststoffe. Manche Chemikerinnen interessieren sich nur für Moleküle und Reaktionen in Lebewesen, andere für radioaktive Substanzen, wiederum andere kümmern sich um die Verarbeitung von Erdöl oder welche umweltschonenden Alternativen es zu Erdöl gibt. Du siehst also, es gibt verschiedene Disziplinen in der Chemie. Jedoch ist eine genaue Abgrenzung oft nicht möglich und auch nicht sinnvoll. Sehen wir uns einige Spezialisierungen der Chemie kurz an.

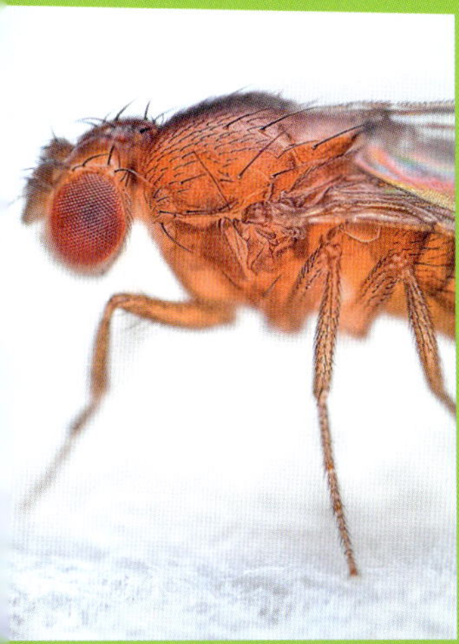

Biochemie
Die Biochemie verbindet die Disziplinen Biologie und Chemie. Unter anderem befasst sie sich mit den chemischen Prozessen, die sich in den Zellen abspielen. Woher nimmt die Zelle die Energie, die für vielfältige Prozesse benötigt wird?

Umweltchemie
Die Umweltchemie befasst sich mit der Ausbreitung und der Wirkung chemischer Stoffe auf die Natur. Diese Stoffe können durch Verkehr, Industrie und Landwirtschaft in die Natur gelangen, aber auch auf natürliche Quellen zurückgehen. Denk nur an die Gase, die von Vulkanen ausgestoßen werden.

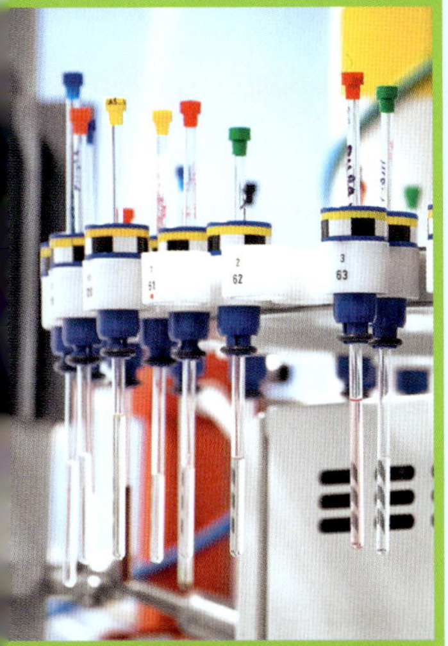

Physikalische Chemie
Die Chemie baut auf der Physik auf und nutzt auch viele physikalische Konzepte. Die Physikalische Chemie befasst sich näher mit Fragen der physikalischen Aspekte der Chemie: etwa wie Katalysatoren funktionieren und was schwingende Moleküle über ihren Aufbau verraten.

Lebensmittelchemie
Lebensmittelchemiker befassen sich mit den Inhaltsstoffen von Lebensmitteln und deren Veränderungen. Das reicht von den verwendeten Rohstoffen über die Herstellung bis hin zum Verzehr von Nahrungsmitteln.

Atmosphärenchemie
Die Luft besteht aus Stickstoff und Sauerstoff sowie geringen Mengen anderer Gase, wie Kohlendioxid, Stickoxide und Ozon. Aber auch von Menschen gemachte Substanzen gelangen in die Atmosphäre. Je nach Atmosphärenschicht kann es zusammen mit dem Licht der Sonne zu spannenden chemischen Reaktionen kommen.

Polymerchemie
Polymere sind sehr lange Kettenmoleküle. Diese kommen, wie Kautschuk oder Zellulose, in der Natur vor, können aber auch künstlich hergestellt werden. Daraus lassen sich Flaschen oder synthetische Textilfasern für Kleidung herstellen.

Elektrochemie
Teilgebiet der Physikalischen Chemie, das die Zusammenhänge von chemischen Reaktionen und elektrischen Vorgängen erforscht. Elektrochemische Methoden werden zur Analyse, wie auch zur Stoffsynthese eingesetzt. Im Alltag nutzen wir Batterien und Akkus.

Schon gewusst?
Das Element Helium, das Luftballone in die Höhe steigen lässt, wurde nicht auf der Erde entdeckt, sondern auf der Sonne. Es verriet sich 1868 als gelbe Linie im Spektrum des Sonnenlichts. Erst 1885 konnte man das Edelgas auch auf der Erde im Labor isolieren. Heute ist Astrochemie eine wichtige Disziplin, die unter anderem spannende Moleküle in interstellaren Gaswolken nachweisen kann.

Was sind Stoffe?

Die Chemie befasst sich mit Stoffen, deren Eigenschaften und der Umwandlung von Stoffen. Chemikerinnen wollen verstehen, warum Stoffe ganz bestimmte Eigenschaften haben. Dabei gehen sie hinunter bis auf die Teilchenebene, auf die Ebene der Atome. Wie die Atome miteinander verbunden sind, entscheidet über die Stoffeigenschaften.
Stoffe können elektrischen Strom leiten oder auch nicht, sie können Metalle sein oder Nichtmetalle. Ein Stoff kann auch charakterisiert werden über Schmelz- und Siedetemperatur und viele andere Eigenschaften.

Das Teilchenmodell

Stoffe können bei Standardtemperatur (25 Grad Celsius) fest, flüssig oder gasförmig sein. Durch Erhöhen oder Absenken der Temperatur kann es zu einer Änderung des Aggregatzustands kommen. Auch der Druck spielt eine Rolle. Man kann Gase unter hohem Druck verflüssigen.
Die Aggregatzustände lassen sich mit dem Teilchenmodell erklären. Stark vereinfacht denkt man sich die Teilchen als kleine Kugeln, die für Atome, Ionen und Moleküle stehen. Atome sind die kleinsten Einheiten der Chemie. Zwei oder mehr Atome verbinden sich über chemische Bindungen zu Molekülen. Ionen sind elektrisch geladene Atome oder auch Moleküle. Ionen entstehen, wenn man ein oder mehrere Elektronen hinzufügt oder entfernt.

Wie trennt man Stoffgemische?

Ein Stoffgemisch ist eine Vermengung von Stoffen, die mit physikalischen Methoden getrennt werden können. So lässt sich ein Gemisch aus Sand und Wasser durch Filtrieren trennen. Das Wasser passiert das Filterpapier, während der Sand zurückgehalten wird. Ein Gemisch aus Kochsalz und Wasser lässt sich so nicht auftrennen – ein anderes Trennverfahren muss her: Wir können die Kochsalzlösung erhitzen und das Wasser verdampfen. Es geht in die Gasphase über und kann durch Abkühlen wieder verflüssigt werden. Zurück bleiben feste Kochsalzkristalle.

Homogen und heterogen

Manche Stoffgemische erkennt man bereits auf den ersten Blick als solche. Schaum ist ein Gemisch aus einer Flüssigkeit und einem Gas. Nasser Sand ist ein Gemisch aus der Flüssigkeit Wasser und zum Beispiel kleinen Quarzbröckchen. Öl auf Wasser ist ein Gemisch aus zwei Flüssigkeiten. Man nennt solche Stoffkombinationen heterogene Gemische.
Wenn zwei oder mehr Stoffe gleichmäßig vermischt sind, spricht man von homogenen Gemischen. Dazu gehören: Kochsalz, das in Wasser gelöst ist, oder Gasgemische wie die Luft. Luft besteht aus Stickstoff, Sauerstoff und in geringerer Menge aus einigen weiteren Gasen, wie Argon und Kohlenstoffdioxid.

Aggregatzustände
Die Aggregatszustände im Teilchenmodell. Im Festkörper **(1)** sitzen die Teilchen auf festen Gitterplätzen und bewegen sich nur schwach. In Flüssigkeiten **(2)** bewegen sich die Teilchen stärker und nehmen keine Gitterplätze mehr ein. Sie passen sich an einen Behälter an. In Gasen **(3)** nehmen die Teilchen allen verfügbaren Raum ein.

Gold besteht aus nur einer einzigen Atomsorte, aus Goldatomen. Es lässt sich mit chemischen Methoden nicht weiter zerteilten. Gold ist ein chemisches Element. Ein anderes chemisches Element ist Kohlenstoff. In seiner wertvollsten Form kommt er in der Natur als Diamant vor.

Zum Beispiel Wasser: Reinstoffe

Oft ist Wasser an Gemischen beteiligt. Wasser selbst ist jedoch ein Reinstoff, der mit physikalischen Methoden, wie zum Beispiel Destillieren oder Filtrieren nicht in weitere Stoffe zerlegt werden kann. Ein anderer Reinstoff ist zum Beispiel Gold in Form eines Nuggets. Reines Gold besteht nur aus Goldatomen. Auch Wasser besteht nur aus Wasserteilchen, die man auch Wassermoleküle nennt.

Elemente und Verbindungen

Reinstoffe, die sich mit chemischen Methoden nicht weiter zerlegen lassen, nennt man chemische Elemente. Dazu gehören Wasserstoff und Sauerstoff. Reinstoffe, die sich mit chemischen Verfahren in Elemente zerlegen lassen, sind Verbindungen dieser Elemente. Man nennt diese Reinstoffe chemische Verbindungen. Wasser ist eine solche chemische Verbindung, denn Wasser lässt sich in die zwei chemischen Elemente Wasserstoff und Sauerstoff zerlegen. Man muss dazu nur elektrischen Gleichstrom durch das Wasser leiten. Einfach eine Batterie nehmen und deren Pole mit zwei Metallstücken, den Elektroden, verbinden und diese in ein Gefäß mit Wasser hängen. Und schon steigen Gasbläschen auf: an einer Elektrode brennbares Wasserstoffgas, an der anderen Sauerstoffgas. Mit der Elektrolyse, wie dieses elektrochemische Verfahren genannt wird, wurden eine Reihe chemischer Elemente entdeckt.

Für Schlauberger

- Vielleicht bist du über das Wort Kohlenstoffdioxid gestolpert. Tatsächlich ist das die korrekte Bezeichnung für diesen Reinstoff. Es besteht nämlich aus CO_2-Molekülen, die aus einem Kohlenstoffatom und zwei Sauerstoffatomen aufgebaut sind. Meist jedoch sagt man einfach nur Kohlendioxid.
- Kohlendioxid ist ein Gas.
- Kohlendioxid entsteht unter anderem bei der Verbrennung von Kohle, Erdöl und Erdgas und reichert sich bereits seit vielen Jahren in der Atmosphäre an. Da es die Abstrahlung von Wärme verhindert, kommt es zu einer Klimaveränderung – es wird heißer. Wir werden uns überlegen, was die Chemie dazu beitragen kann, dieses Problem zu lösen.

Fest – flüssig – gasförmig

Hier liegt Wasser in allen drei Aggregatszuständen vor: als festes Wassereis, als flüssiges Wasser und als gasförmiger Wasserdampf in der Luft. Letzteres können wir nicht sehen. Die Wolken sind winzige Wassertröpfchen, die in der Luft verteilt sind.

Die chemischen Elemente

Die Denker im Griechenland der Antike glaubten noch, dass die Welt aus nur vier Elementen besteht: aus Erde, Luft, Feuer und Wasser. Durch Mischen der Elemente sollten sich die Eigenschaften der Materie erklären lassen. Erst seit es die Chemie als Naturwissenschaft gibt, wurden die wahren Bausteine der Stoffe in zahlreichen Experimenten identifiziert. Es sind etwa 90 natürlich vorkommende Elemente. Zusammen mit den in Kernreaktoren oder Ionenbeschleunigern erzeugten künstlichen Elementen kennen wir heute 118 Elemente.

Was ist ein Element?

Ein chemisches Element ist ein Stoff, der mit chemischen Mitteln nicht weiter in einfachere Bestandteile zerlegt werden kann. Die kleinste Einheit eines Elements ist das Atom. Wir dürfen uns das zunächst als winziges Kügelchen vorstellen, wobei die Atome unterschiedlicher Elemente auch unterschiedlich groß sind. Wie die Atome angeordnet sind und wie welche Atomsorten miteinander verbunden sind, das entscheidet über die Stoffeigenschaften Wie wir später noch sehen werden, hat das Atom eine Struktur und besteht aus noch kleineren Teilchen.

Atome und Moleküle

- Es gibt keine halben Atome, es verschwinden keine Atome, und es entstehen keine Atome aus dem Nichts.
- Atome sind die Grundbausteine der Chemie. Durch Verbinden von zwei oder mehr Atomen lassen sich Moleküle basteln. Das Element Helium besteht aus den einzelnen Atomen He. Das Element Wasserstoff hingegen besteht aus zweiatomigen Molekülen H_2.
- Erst wenn ein Molekül aus unterschiedlichen Atomsorten (Elementen) besteht, spricht man von einer Verbindung, wie zum Beispiel beim Kohlenmonoxid CO.

Die 118 Elemente vom Wasserstoff bis zum Oganesson fügen sich lückenlos in das Periodensystem der chemischen Elemente ein. Mit dieser Tabelle lernen Chemieanfängerinnen die Elemente, ihre chemischen und physikalischen Eigenschaften kennen.

Atome sind unteilbar

Der Begriff Atom kommt aus dem griechischen »atomos« und bezeichnet den kleinsten Baustein der Materie, der nicht weiter zerteilt werden kann. Ein Atom ist für einen Chemiker nicht teilbar. Die Idee vom Atom wurde erst Anfang des 19. Jahrhunderts wieder aufgegriffen und brachte die Chemie enorm voran. Es war auch das Jahrhundert, in dem die Chemiker immer neue chemische Elemente entdeckten und sich die Frage stellten: Wie viele Elemente gibt es und in welcher Beziehung stehen sie zueinander.

Allotropie

Die Atome eines Elements können auf verschiedene Arten verbunden sein – man spricht dann von allotropen Formen. Weißer Phosphor (1) besteht aus vieratomigen Molekülen. Durch Erhitzen wandelt er sich in roten Phosphor (2) um, bei dem die Atome in einem unregelmäßigen dreidimensionalen Netzwerk angeordnet sind. Beim violetten Phosphor bilden die Atome ein kompliziertes Schichtengitter. Schwarzer Phosphor besteht aus gewellten Schichten.

Ordnung muss sein!

Mehrere Wissenschaftler versuchten, ein Ordnungssystem für die Elemente zu finden. Darunter waren Lothar Mayer, ein deutscher Chemiker, und der russische Chemieprofessor Dmitri Mendelejew. Beide verfolgten zwei Prinzipien: Zum ersten ordneten sie die damals bekannten Elemente nach steigendem Atomgewicht, das wir heute übrigens Atommasse nennen. Zum zweiten ordneten sie die Elemente so an, dass Elemente mit ähnlichen chemischen Eigenschaften untereinander zu stehen kamen. Das ergibt eine Art Tabelle, in der sich die chemischen Eigenschaften periodisch wiederholen. Deshalb wird diese Tabelle auch das Periodensystem der chemischen Elemente genannt oder einfach nur Periodensystem.

Und die Lücken?

Allerdings hatte das Periodensystem damals noch jede Menge Lücken. In der Version, die Mendelejew 1869 veröffentlichte, fanden sich nur 63 Elemente, also nur etwa halb so viele, wie wir heute kennen. Mendelejew war jedoch so von seinem Periodensystem überzeugt, dass er die Lücken als noch nicht entdeckte Elemente deutete. Er traute sich sogar, die Eigenschaften dieser Elemente vorauszusagen. So sagte er 1871 die Eigenschaften eines Elements voraus, das er Eka-Aluminium nannte, was so viel wie »nach dem Aluminium« bedeutet. Und dieses Element wurde 1875 tatsächlich entdeckt – es bekam den Namen Gallium. Auch Scandium und Germanium wurden noch zu Lebzeiten Mendelejews aus Mineralien isoliert.

Dmitri Mendelejew
1834–1907

Dmitri Mendelejew gilt heute als der Vater des Periodensystems. Als er es vor über 150 Jahren erstellte, war es noch lückenhaft. Doch alle Lücken konnten gefüllt werden, indem die noch fehlenden Elemente aus natürlichen Stoffen isoliert wurden oder indem die Elemente aufwändig künstlich hergestellt wurden.

Wie Atome gebaut sind

Das Periodensystem war eine ungeheure Entdeckung. Aber im 19. Jahrhundert verstand niemand, warum es so seltsam aussah. Wieso sind in der ersten Periode nur zwei Elemente und in der zweiten und dritten Periode aber jeweils acht Elemente? Warum kann Wasserstoff nur eine chemische Bindung ausbilden, Kohlenstoff aber vier? Wie kommen die Elemente zu ihren chemischen Eigenschaften? Das einfache Kugelmodell, in dem Atome Billardkugeln ähnlich sind, konnte nicht stimmen. Atome mussten einen Aufbau haben.

Ernest Rutherford
1871–1937

Der gebürtige Neuseeländer Ernest Rutherford erforschte die Radioaktivität und entdeckte dabei den winzigen Atomkern.

Elektronen und das Andere

Ende des 19. Jahrhunderts wies der Engländer Joseph John Thomson nach, dass man aus Metallen winzige Teilchen herausziehen kann, indem man eine elektrische Spannung anlegt. Diese sind elektrisch negativ geladen – man nannte sie Elektronen. Demnach muss es also auch etwas Positives im Atom geben, das diese negative Ladung ausgleicht. Aber wie sind die Ladungen im Atom angeordnet?

Kern, Elektronen und viel Nichts

Ernest Rutherford hatte die Idee, Atome zu durchleuchten. Er verwendete dazu radioaktive Substanzen, die positiv geladene Alpha-Teilchen aussenden. Wie wir heute wissen, sind dies die Kerne von Helium-Atomen. Rutherford wusste das noch nicht. Er beschoss mit

Der Atomkern ist winzig. Stell dir vor, ein Atom wäre so groß wie ein Fußballstadion, dann wäre der Atomkern ein Reiskorn am Anstoßpunkt. Das Elektron kannst du dir als Bakterium vorstellen, das irgendwo in den oberen Zuschauerrängen herumschwirrt.

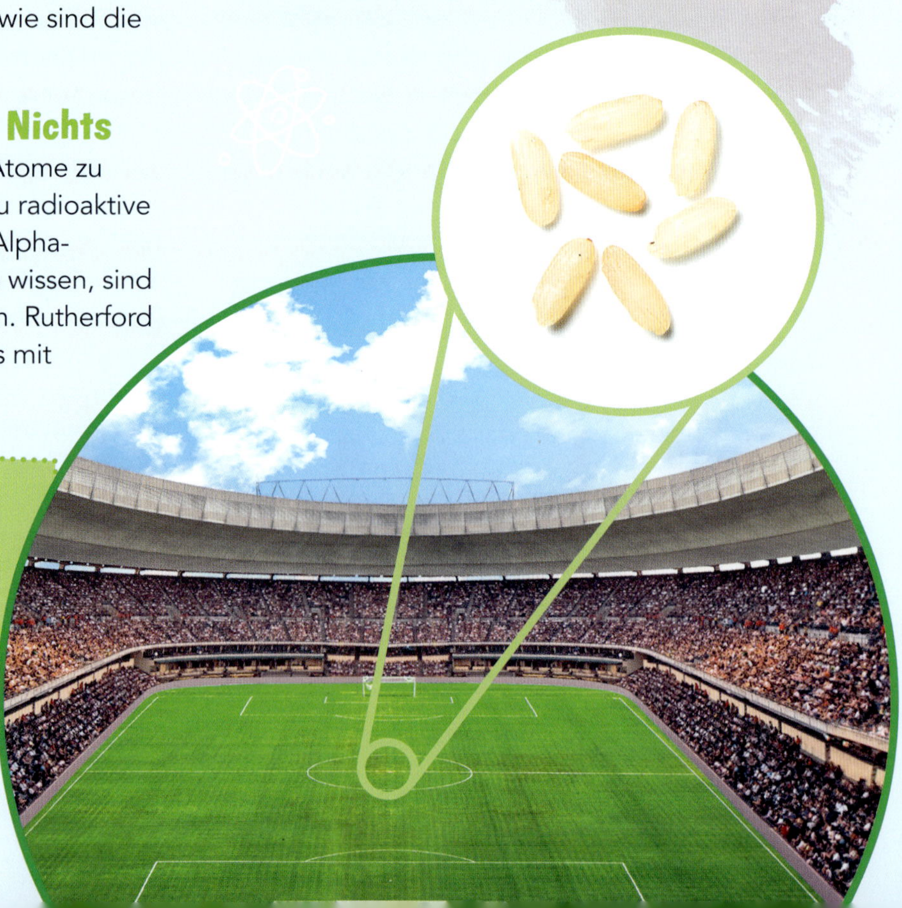

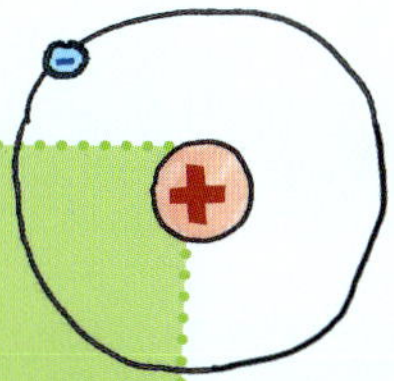

Ein Atom mit nur einem Proton, das ist einfach: Hier haben wir es mit einem Wasserstoff zu tun. Damit wir ein neutrales Atom bekommen, sind genauso viele Elektronen in der Elektronenhülle, wie Protonen im Kern sind – im Fall vom Wasserstoff ist das also ein Elektron.

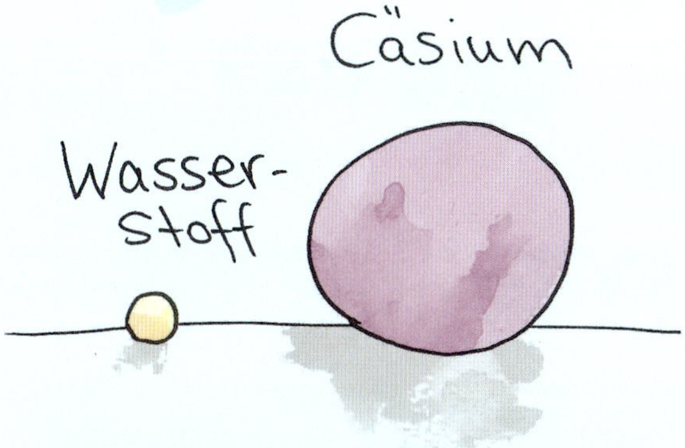

diesen Alpha-Teilchen eine hauchdünne Goldfolie und stellte fest, dass fast alle Alpha-Teilchen die Goldfolie ungehindert durchdringen, einige wenige leicht abgelenkt werden und äußerst selten wieder zurückgeworfen werden. Daraus schloss Rutherford, dass ein Goldatom – wie auch alle anderen Atome – aus einem winzigen positiv geladenen Atomkern besteht, in dem fast die ganze Masse des Atoms konzentriert ist. Dieser Kern wird weitläufig von Elektronen »umschwirrt«. Gewissermaßen besteht das Atom größtenteils aus Nichts.

Protonen und Neutronen

Später stellte sich heraus, dass der Atomkern aus zwei Kernbausteinen besteht: positiv geladenen Protonen und neutralen, also nicht geladenen Neutronen. Protonen, wie auch Neutronen sind fast zweitausendmal massereicher als die superleichten Elektronen. Jedes Atom hat genauso viele Protonen im Kern, wie in der Elektronenhülle. Die entgegengesetzten Ladungen gleichen sich somit aus.

Das Wasserstoffatom

Das einfachste Atom ist das erste Atom im Periodensystem: der Wasserstoff. Es besteht üblicherweise aus einem Proton im Kern. Dessen positive Ladung wird durch genau ein negatives Elektron in der Hülle ausgeglichen. Das nächste Element, Helium, besteht aus zwei Protonen im Kern und zwei Elektronen in der Hülle. Uran hat 92 Protonen und passend dazu 92 Elektronen.

Wie groß sind Atome?

Das Element mit dem kleinsten Atom ist Wasserstoff – es hat einen Durchmesser von 106 Picometer, ein Picometer ist ein Billionstel Meter oder ein Millionstel Millimeter. Cäsium gehört zu den größten Atomen – sein Durchmesser beträgt 596 Picometer. Es ist somit fast sechsmal so groß wie ein Wasserstoffatom. Atome kann man nur mit speziellen Mikroskopen sichtbar machen.

Leider falsch!

Damit die Elektronen nicht vom Kern angezogen werden, stellte man sich vor, dass sie extrem schnell um den Kern sausen. Doch es gab ein Problem: Eine beschleunigte elektrische Ladung strahlt Energie ab. Ein Elektron, das um den Kern saust, würde Energie verlieren und innerhalb eines Sekundenbruchteils auf einer Spiralbahn in den Kern stürzen. Demnach dürfte es keine Atome geben und die Welt, wie wir sie kennen, nicht existieren. Da es aber Materie gibt, musste das Atommodell nach Rutherford falsch sein. Eine andere Idee musste her.

Niels Bohr und das Schalenmodell

Der dänische Physiker Niels Bohr machte sich Gedanken, wie man die Elektronen daran hindern könnte, in den Atomkern zu stürzen und schuf ein grundsätzlich neues Modell: das Bohrsche Atommodell, in dem sich die Elektronen in Schalen aufhalten müssen.

Die Elektronenschalen

Bohr ging sehr streng mit den Elektronen um. Er verbot ihnen in jedem x-beliebigen Abstand, um den Kern zu kreisen. Es waren nur ganz bestimmte Bahnen erlaubt. In den dazwischenliegenden Bereichen dürfen sich die Elektronen nicht aufhalten. Diese Bahnen entsprechen der Energie der Elektronen. Die erlaubten Bahnen beziehungsweise Energielevels nennen wir auch Elektronenschalen. Die Schalen werden von innen nach außen beginnend mit K nach dem Alphabet mit Großbuchstaben bezeichnet, also: K, L, M, N, O …

Niels Bohr hat das Schalenmodell entwickelt, das verdeutlicht, wie Elektronen im Atom angeordnet sein könnten – nämlich auf ganz bestimmten Bahnen.

Immer der Reihe nach

Mit dem Schalenmodell konnte Bohr nur das Wasserstoffatom beschreiben und auch die Spektrallinien des Wasserstoffs erklären. Aber man kann das Schalenmodell auch auf die anderen, schwereren Atomsorten erweitern. Allerdings dürfen sich nicht beliebig viele Elektronen auf einer Schale aufhalten. Auf der innersten Schale, der K-Schale, dürfen maximal zwei Elektronen sein. Das Wasserstoffatom hat ein Elektron in der K-Schale. Das Helium-Atom hat mit zwei Elektronen eine volle K-Schale. Ein drittes Elektron muss nun in die L-Schale gesetzt werden – das ist der Fall beim Lithium. Insgesamt passen acht Elektronen in die M-Schale. Füllen wir also die L-Schale der Reihe nach auf, erhalten wir die Elemente von Lithium bis Neon: Li, Mg, Al, C, N, O, Cl und Ne. Beim Ne ist die L-Schale voll. Weiter geht es mit der M-Schale vom Natrium bis zum Argon.

Die acht Hauptgruppen

Sehen wir uns nun an, wie die Atome der verschiedenen Elemente mit Elektronen besetzt sind. Wir beschränken uns bei der weiteren Betrachtung auf die Elemente der acht Hauptgruppen. Früher bezeichnete man diese Gruppen mit römischen Zahlen I bis VIII, heute werden sie mit 1, 2 sowie 13 bis 18 bezeichnet. Die Zahlen 3 bis einschließlich 12 bekommen die Gruppen der sogenannten Übergangsmetalle – die sollen uns vorerst nicht weiter interessieren.

Zurück zu den Hauptgruppen. Für den Chemiker interessant ist die Anzahl der Elektronen in der äußersten Schale, die man auch Valenzschale nennt. Die Elektronen in der Valenzschale nennt man folglich

Die Namen der Schalen

Mit K geht's los! 1912 bezeichnete der britische Physiker Charles Glover Barkla die Elektronenschalen beginnend mit K, L, M … Warum hat er die Schalen nicht einfach A, B, C … genannt? Ganz einfach: Die ersten Großbuchstaben wurden bereits für die Absorptionslinien des Sonnenlichts benutzt.

Valenzelektronen. Sie entscheiden über die chemischen Eigenschaften. In der 8. Hauptgruppe (VIII bzw. 18) besitzen die Atome jeweils eine vollständig gefüllte Außenschale. Das ist ein besonders stabiler Zustand, weshalb diese Elemente so gut wie keine Verbindungen eingehen. Deshalb wird diese Gruppe Edelgase genannt. Sie sind sich zu vornehm, als dass sie sich mit anderen Elementen abgeben würden. Alle anderen Elemente haben diesen beneidenswerten Zustand nicht, sehnen sich aber danach, ihn zu erreichen. Was können sie tun, um zu einer vollen Valenzschale zu kommen?

Geben und Nehmen

Sehen wir uns das Natrium an, das ein einziges Valenzelektron hat. Wenn es auf dieses eine Elektron verzichtet, dann hat es nun die Elektronenkonfiguration des Neons. Der Chemiker schreibt das so:

$Na \rightarrow Na^{+} + e^{-}$

Das Natriumatom gibt ein Elektron ab und wird zu einem einfach positiv geladenen Natriumion. Positiv geladene Ionen nennt man Kationen. Ein Chloratom hingegen hat sieben Außenelektronen. Ihm fehlt nur ein Elektron zur günstigen Argonschale:

$Cl + e^{-} \rightarrow Cl^{-}$.

Aus einem Chloratom wird durch Aufnehmen eines Elektrons ein Chloridion. Man nennt negativ geladene Ionen auch Anionen. Letzlich gibt Na ein Elektron ab und Cl ein Elektron auf. Die entstandenen entgegengesetzt geladenen Na^{+}- und Cl^{-}-Ionen ziehen sich an und es bildet sich NaCl, Natriumchlorid, Kochsalz.

Oktettregel

Für die Elemente der 2. und 3. Periode gilt die Oktettregel, wonach acht Außenelektronen besonders stabil sind. Für die erste Periode gilt, dass eine mit nur zwei Elektronen gefüllte K-Schale besonders stabil ist. Das Abgeben und Aufnehmen von Elektronen ist ein Weg, zu einer vollständig gefüllten Valenzschale zu kommen. Andere Wege sehen wir uns im nächsten Kapitel an. Zuvor aber machen wir uns mit dem Periodensystem vertraut.

Wenn man die Schalen der Reihe nach auffüllt, so zeigt sich, dass in der 1. Gruppe (Alkalimetalle) die Elemente Lithium und Natrium, wie auch die unter dem Natrium stehenden Elemente nur ein Elektron in der Außenschale haben. Dieses eine Valenzelektron bestimmt die chemischen Eigenschaften der Alkalimetalle.

	Gruppe I (Gruppe 1)	Gruppe II (Gruppe 2)	Gruppe III (Gruppe 13)	Gruppe IV (Gruppe 14)	Gruppe V (Gruppe 15)	Gruppe VI (Gruppe 16)	Gruppe VII (Gruppe 17)	Gruppe VIII (Gruppe 18)
1. Periode	H 1							He 2
2. Periode	Li 3	Be 4	B 5	C 6	N 7	O 8	F 9	Ne 10
3. Periode	Na 11	Mg 12	Al 13	Si 14	P 15	S 16	Cl 17	Ar 18

Das Periodensystem

Im Periodensystem hat jedes Element seinen Platz und eine eindeutige Ordnungszahl oder Atomzahl. Diese gibt die Zahl der Protonen im Kern an und damit auch die Zahl der Elektronen in den Schalen. Für die ersten drei Perioden haben wir uns die Verteilung der Elektronen bereits angesehen. Die Zahl der Protonen definiert die Zahl der Elektronen und letztlich auch der Valenzelektronen. Die Valenzelektronen entscheiden über Art und Anzahl chemischer Bindungen, die ein Element eingehen kann.

Perioden und Gruppen

Das Periodensystem besteht aus sieben Zeilen, die Perioden genannt werden. Die senkrechten Spalten sind Elemente, die miteinander verwandt sind und ähnliche chemische Eigenschaften haben. Man nennt diese Spalten Gruppen. Die Gruppen sind von 1 bis 18 durchnummeriert. Die Gruppen 3 bis 12 sind Nebengruppenelemente, dazu gehören Metalle wie Eisen, Kupfer, Zink und Platin. Die Gruppen mit den Nummern 1, 2 und 13 bis 18 sind die Hauptgruppen.

Acht Hauptgruppen

Die Alkalimetalle bilden die erste Hauptgruppe. Deren Atome verfügen über nur ein Valenzelektron. Die Elemente der zweiten Hauptgruppe sind die Erdalkalimetalle, mit zwei Valenzelektronen. Die dritte Hauptgruppe sind die Erdmetalle, mit drei Valenzelektronen. Die vierte Hauptgruppe ist die Kohlenstoffgruppe mit dem Kohlenstoff, ein ganz besonderes Element, auf dem alles Leben basiert. Daran schließen sich die Stickstoffgruppe mit fünf und die Sauerstoffgruppe mit sechs Valenzelektronen an. Die siebte Hauptgruppe sind die Halogene mit sieben Valenzelektronen. Ganz rechts steht die achte Hauptgruppe, die Edelgase, deren Schalen vollständig gefüllt sind.

Das Alkalimetall Natrium ist ein typisches Metall. Es glänzt metallisch und leitet elektrischen Strom.

Das grünliche Chlorgas ist ein typisches Nichtmetall. Es ist ein Nichtleiter.

Helium ist ein sehr leichtes Gas. Deshalb füllt man damit Ballone. Wasserstoff ist zwar noch leichter, aber brennbar.

Schon gewusst?

Atmet man Helium ein, so kann man mit einer hohen Mickey-Mouse-Stimme sprechen. Das liegt daran, dass sich der Schall in Helium schneller ausbreitet als in Luft. Da Helium ein Edelgas ist, kommt es auch zu keinerlei chemischen Reaktionen in der Lunge. Wer nur Helium atmet, der erstickt natürlich. Aber ein Atemzug ist okay.

So kennen wir das moderne Periodensystem. Die 118 Elemente vom Wasserstoff bis zum Oganesson fügen sich lückenlos ein. Mit dem Periodensystem lernen Chemieanfänger die chemischen Elemente und ihre Eigenschaften kennen. Im Periodensystem stehen Elemente mit gleich vielen Valenzelektronen untereinander. Sie bilden eine Gruppe mit ähnlichen chemischen Eigenschaften.

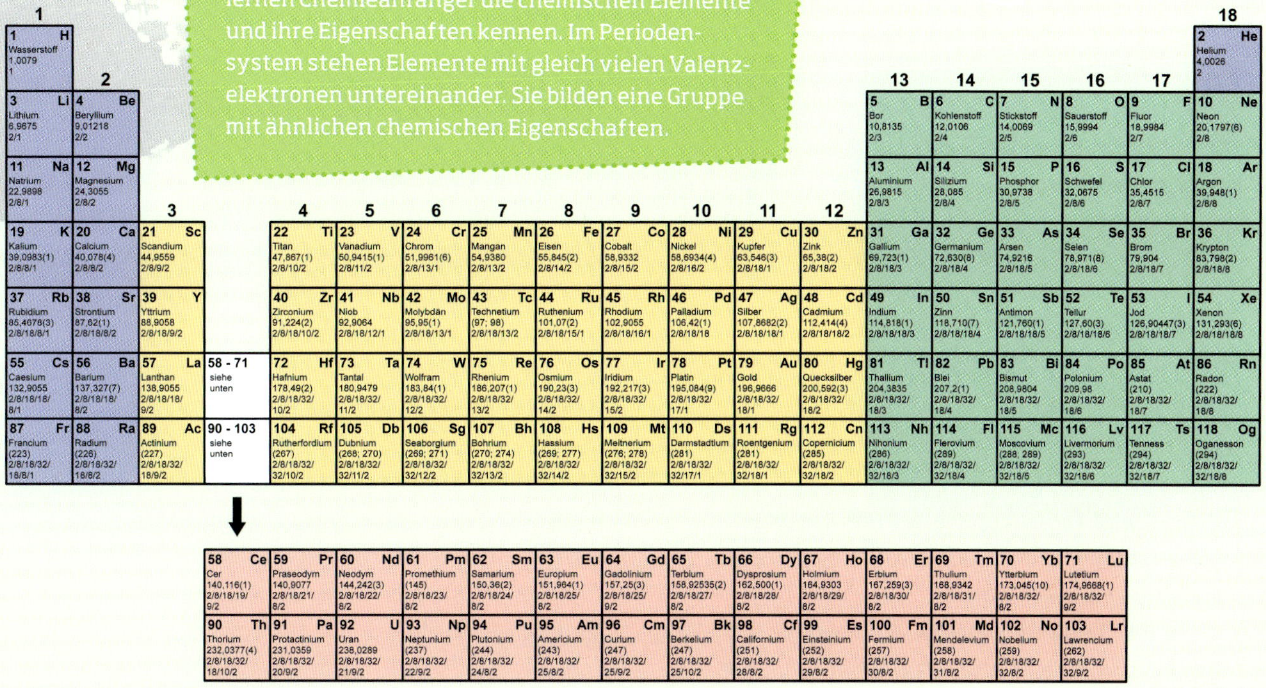

Wasserstoff

Der Wasserstoff steht meist über den Alkalimetallen, weil er, wie die Alkalimetalle, ein Valenzelektron besitzt. Aber er ist kein Alkalimetall und verhält sich auch nicht so. Man sieht das schon daran, dass Wasserstoff ein Gas ist und alle Alkalimetalle feste Metalle sind. Sie glänzen metallisch und leiten elektrischen Strom.

Und was ist mit dem Rest?

Im Zentrum des Periodensystems sitzt ein großer Block mit den Übergangsmetallen, und darunter sind die zwei Streifen der Lanthanoiden und Actinoiden. Um die Elemente zu verstehen, muss man innere Schalen einführen, die unter der Valenzschale sitzen und mit bis zu 18 Elektronen bei den Übergangsmetallen aufgefüllt werden. Bei den Lanthanoiden, die auch Seltenerdmetalle genannt werden, sind es sogar 30 Elektronen, die in eine solche innere Schale passen, ebenso bei den Actinoiden, zu denen auch das berüchtigte Uran gehört.

Trends im Periodensystem

Etwa 80 Prozent der Elemente sind Metalle. Die Metalle stehen im Periodensystem links, die Nichtmetalle rechts. Der Metallcharakter nimmt in einer Gruppe von oben nach unten zu und innerhalb einer Periode von links nach rechts ab. Die Ionisierungsenergie ist ein Maß dafür, einem Atom ein Elektron zu nehmen. Sie nimmt in einer Gruppe von oben nach unten ab und steigt innerhalb einer Periode von links nach rechts.
Die Atomradien (halbe Atomdurchmesser) nehmen innerhalb einer Gruppe von oben nach unten zu. Klar, je mehr Schalen, umso größer ist das Atom. Innerhalb einer Periode nimmt der Atomradius ab. Das verstehen wir auch: Es kommen immer mehr Elektronen in die Valenzschale, aber die positive Ladung im Kern nimmt zu und damit die Anziehung zwischen Kern und Elektronen. So gehört das Alkalimetall Cäsium zu den größten Atomen im Periodensystem.

Das Orbitalmodell

Das Bohrsche Atommodell ist vergleichsweise anschaulich, und deshalb eignet es sich für die ersten chemischen Gehversuche recht gut. Aber es hat auch seine Grenzen. Sehr viel besser ist das etwas kniffligere Orbitalmodell.

Quantenwelt

Bisher haben wir so getan, als ob ein Elektron ein Teilchen sei. Tatsächlich verhält es sich – je nach Experiment – mal wie ein Teilchen, dann wieder wie eine Welle. Wellen können sich zum Beispiel überlagern und Interferenzmuster bilden. Vielleicht hast du schon einmal von Quantenmechanik gehört. Sie wurde vor rund einem Jahrhundert entwickelt, um das Verhalten von Licht und Atomen zu erklären. Dabei stellte sich heraus, dass die Quantenwelt ganz seltsamen Gesetzen gehorcht, die unseren Alltagsverstand herausfordern. Aber mit Hilfe der Mathematik kommt man sehr gut damit zurecht.

Wo ist das Elektron?

Dem österreichischen Physiker Erwin Schrödinger verdanken wir die nach ihm benannte Schrödinger-Gleichung. Mit ihr kann man berechnen, mit welcher Wahrscheinlichkeit sich die Elektronen an einem bestimmten Ort aufhalten. Den dreidimensionalen Raum, in dem sich ein Elektron mit 90-prozentiger Wahrscheinlichkeit aufhält, nennt man Orbital. Manche sehen wie Kugeln aus, andere wie Hanteln und manche wie seltsam gefaltete Luftballone auf einem Kindergeburtstag. Jedem Orbital ist auch eine Energie zugeordnet, die sich aus der Schrödinger-Gleichung ergibt. Nun kann man die Orbitale der Reihe nach mit Elektronen befüllen, beginnend mit dem Orbital mit der niedrigsten Energie. Übrigens: Die Regeln der Quantenphysik erlauben maximal zwei Elektronen in einem Orbital.

Eine Sache der Energie

Damit wir nicht jedes Mal die kompliziert geformten Orbitale zeichnen müssen, kürzen wir sie im Kästchenschema mit kleinen Kästchen ab. Die Elektronen werden als Pfeile dargestellt. In jedes Kästchen zeichnet man das erste Elektron mit Pfeil nach oben, das zweite Elektron mit Pfeil nach unten. Der Pfeil steht für den Spin eines Elektrons, eine nur schwer zu verstehende Eigenschaft, die man sich meist als Drehung des Elektrons vorstellt – einmal im und einmal gegen den Uhrzeigersinn. Aber damit müssen wir uns nicht weiter beschäftigen.

Hier einige Beispiele für Orbitale. Der Atomkern befindet sich immer im Zentrum. Die Orbitale werden je nach Form mit s, p, d oder f bezeichnet. Die Ziffer davor steht für die Hauptschale. Sie reichen von 1 bis 7. Fällt dir etwas auf? Richtig, die Ziffern beziehen sich auf die Periode, in der das betreffende Element steht.

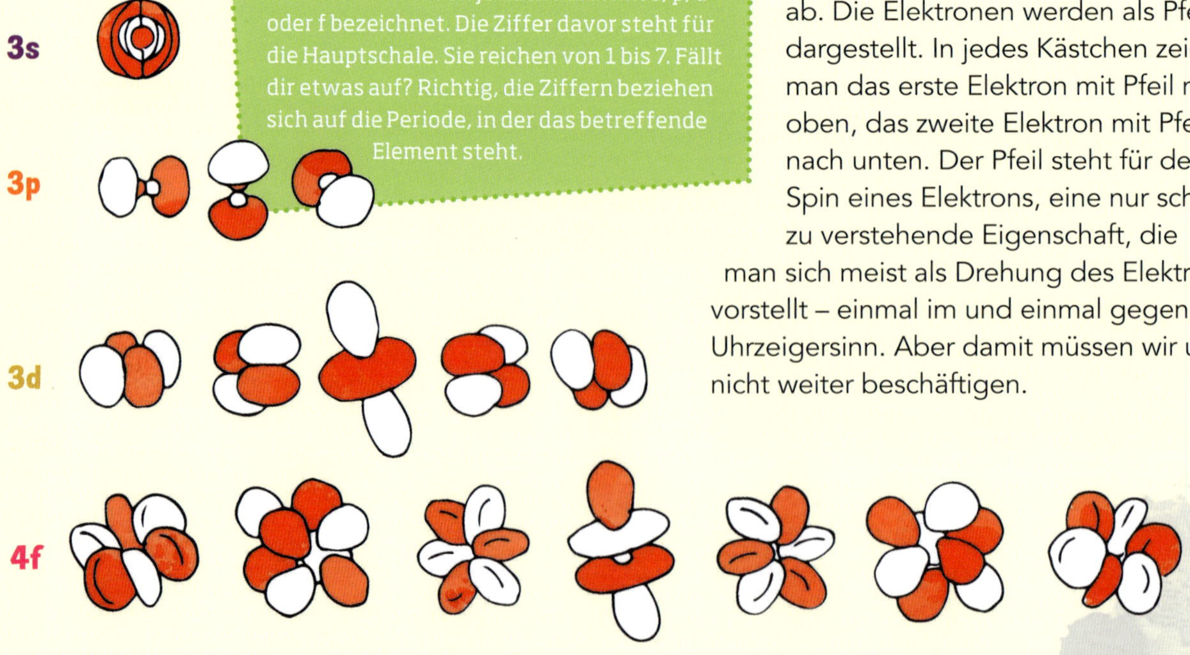

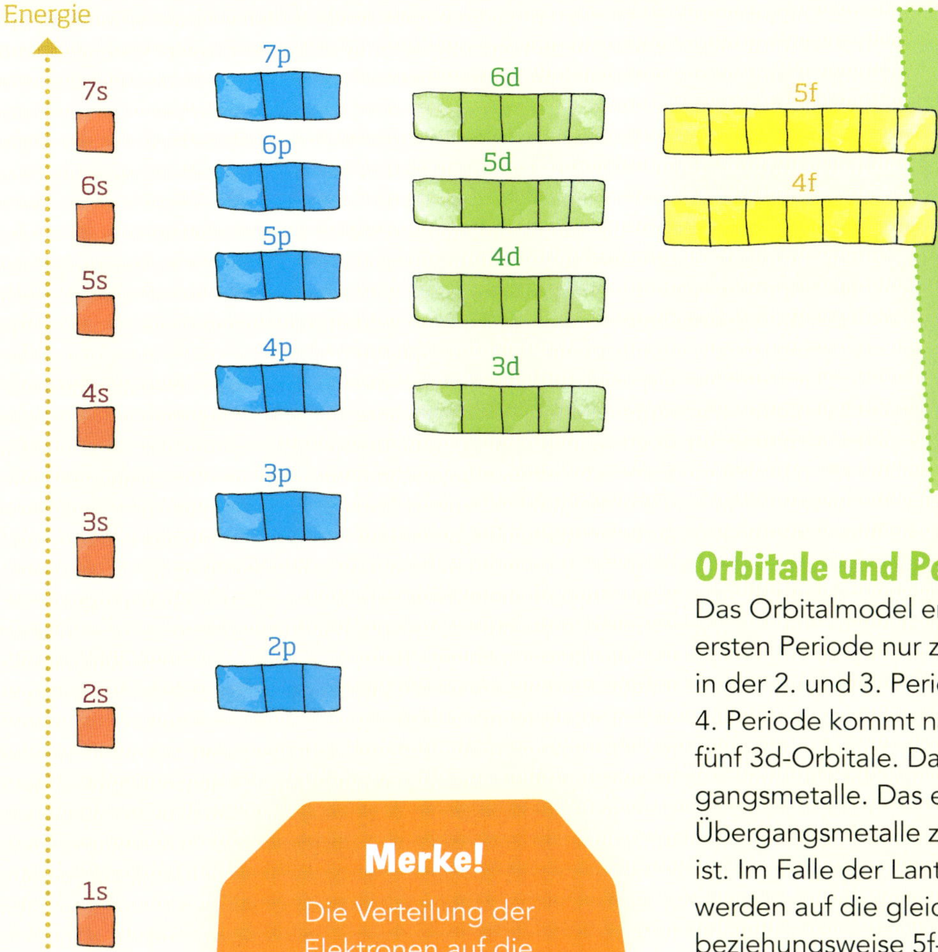

Im Kästchenschema entspricht jedem Kästchen ein Orbital. Die Orbitale beziehungsweise Kästchen sind entsprechend ihrer Energie angeordnet. Ganz unten steht das 1s-Orbital mit der geringsten Energie. Darüber steht das 2s-Orbital und darüber die drei 2p-Orbitale. Dann kommen das 3s-Orbital und die 3p-Orbitale. So geht das bis zum energiereichsten 7p-Orbital.

Merke!
Die Verteilung der Elektronen auf die Orbitale nennt man auch Elektronenkonfiguration.

Auffüllregeln

Mit nur drei Regeln können wir die Orbitale auffüllen und so jedes Element auf dem Papier nachbauen.

Regel 1: Hier geht es um die Energie der Orbitale. Orbitale mit niedrigem Energieniveau werden zuerst aufgefüllt. Wir beginnen mit dem 1s-Orbital, dann kommt das 2s-Orbital. Das Energieschema zeigt, wie es weitergeht.

Regel 2: Das Pauli-Prinzip besagt, dass in jedem Orbital maximal zwei Elektronen Platz finden. Die Elektronen müssen sich aber im Spin unterscheiden.

Regel 3: Hundsche Regel. Orbitale mit demselben Energieniveau werden zunächst jeweils mit nur einem Elektron besetzt.

Orbitale und Periodensystem

Das Orbitalmodel erklärt, warum in der ersten Periode nur zwei Elemente stehen, in der 2. und 3. Periode jeweils acht. In der 4. Periode kommt nach dem 4s-Orbital die fünf 3d-Orbitale. Damit beginnen die Übergangsmetalle. Das erklärt, warum der Block der Übergangsmetalle zehn (2 mal 5) Elemente breit ist. Im Falle der Lantanoiden und Actinoiden werden auf die gleiche Weise die sieben 4f- beziehungsweise 5f-Orbitale gefüllt. Die beiden Streifen sind somit 14 (2 mal 7) Elemente lang.

Gar nicht so schwer

Quantenmechanische Berechnungen sind knifflig und die quantenmechanischen Regeln nicht leicht zu verstehen. Aber die Chemiker haben mit dem Kästchenschema und den Auffüllregeln eine Methode geschaffen, um damit das Periodensystem zu verstehen. Sieh dir am besten das Beispiel Kohlenstoff an – wir werden es später noch einmal benötigen, wenn es um Diamanten geht.

Kohlenstoff hat die Ordnungszahl 6, und damit sind auch sechs Elektronen auf die Orbitale zu verteilen. Zwei Elektronen gehen in das 1s-Orbital, zwei Elektronen in das 2s-Orbital und je ein Elektron in die beiden ersten 2p-Orbitale. Wer sich die Kästchen sparen möchte, schreibt ganz einfach: $1s^2\,2s^2\,2p^2$.

Chemische
Bindungen

Einzelne Atome sind langweilig. Spannend werden Atome erst, wenn man sie miteinander reagieren lässt und wenn sie sich verbinden. Dabei geht es immer um Elektronen – sie sind die Währung der Atome. Durch Teilen, Geben und Nehmen von Elektronen kommen die Atome miteinander ins Geschäft. So werden aus Atomen etwa Moleküle, und aus Elementen werden chemische Verbindungen.

Hauptbindungsarten

Welche Art Bindung Atome eingehen, das entscheidet die Stellung der beteiligten Elemente im Periodensystem. Einige Elemente schenken ihre äußersten Elektronen her, andere sind dankbare Abnehmer dieser Elektronen. Wiederum andere Elemente sind weder bereit Elektronen abzugeben noch aufzunehmen. Diese Elemente teilen sich lieber gemeinsame Elektronenpaare. Rund 90 Prozent der Elemente sind Metalle und haben einen ganz eigenen Bindungstyp, um ihre Atome im Verbund zu halten: Sie lassen ihre Elektronen von der Leine und baden wie in einem See darin. Dies also sind die drei Hauptbindungsarten: Ionen-, Atom- und Metallbindung.

Noch mehr Bindungen

Die drei Hauptbindungsarten sind die stärksten Bindungen. Es gibt aber auch schwächere Bindungen. Sie halten auf verschiedene Weise Atome und Moleküle untereinander zusammen. Man nennt sie auch zwischenmolekulare Bindungen. Die Wasserstoffbrückenbindung sorgt dafür, dass Eis auf dem Wasser schwimmt. Etwas schwächer sind die Dipol-Dipol-Bindungen und die Van-der-Waals-Bindungen.

Teilen verbindet
Eine typische Atombindung findet man in zweiatomigen Gasmolekülen, wie Wasserstoff H_2 oder Chlor Cl_2. Durch Teilen eines gemeinsamen Elektronenpaars kommt jedes der Atome zu einer Edelgasschale.

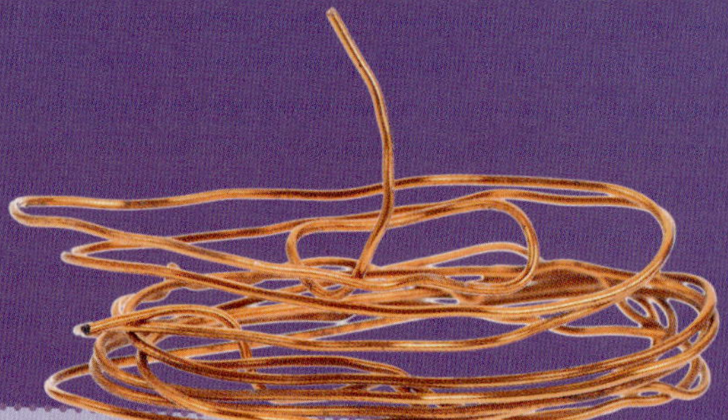

Ein Metall – drei Fragen
Warum ist Kupferdraht biegsam?
Warum leitet er elektrischen Strom?
Was ist ein Elektronengas?

Ionenbindung
Der eine gibt Elektronen her und wird positiv geladen, der andere nimmt Elektronen auf und wird negativ. Und weil sich Gegensätze anziehen, halten Geber und Nehmer zusammen.

Grüne Blätter und rotes Blut

Eine Bindungsart wird in diesem Buch nicht behandelt, die Komplexbindung. Nur so viel dazu: Atomionen bzw. Moleküle mit freien Elektronenpaaren lagern sich bei diesem Bindungstyp an Metallatome bzw. Metallionen, meist an Übergangsmetalle wie Eisen, Kobalt und Kupfer. Man nennt diese Gebilde auch Komplexe oder Komplexverbindungen und den Bindungstyp koordinative Bindung. Komplexverbindungen sind meist farbig und manche extrem lebenswichtig, so der grüne Blattfarbstoff Chlorophyll und das rote Hämoglobin in deinem Blut. Du wirst sehen, dass dein Leben von diesen und noch vielen anderen Komplexen abhängt. Ohne sie hättest du nichts zu essen und du würdest ersticken. Gut, dass es Komplexe gibt!

Geckos Superkraft

Hast du dich schon mal gefragt, warum Geckos an der Wand kleben können und du nicht? Welche Kraft mag da wohl dahinterstecken? So viel sei hier schon verraten: Es ist die schwächste der zwischenmolekularen Kräfte.

Immer obenauf!

Für die meisten Substanzen gilt: Gefrorenes geht unter. Wasser macht da eine Ausnahme. Wassereis schwimmt oben!

Ionenbindung und metallische Bindung

Die meisten Elemente liegen in der Natur nicht elementar, sondern in Form chemischer Verbindungen vor, in denen sie über chemische Bindungen mit anderen Elementen verknüpft sind. Die drei Hauptbindungsarten sind: Atombindung, auch kovalente Bindung genannt, Ionenbindung und metallische Bindung. Durch das Eingehen einer chemischen Bindung erlangen die Bindungspartner einen energieärmeren und damit stabileren energetischen Zustand. Das ist der Fall, wenn ein Atom über eine vollständig gefüllte äußere Elektronenschale verfügt.

Mit Partner zum Glück

Mit einer vollen Valenzschale haben die Atome eine energetisch günstige Edelgaskonfiguration. Das sind in der ersten Periode zwei Elektronen in der K-Schale, was dem Edelgas Helium entspricht. In der zweiten und dritten Periode passen acht Elektronen in die L-Schale beziehungsweise M-Schale – das entspricht den Edelgasen Neon und Argon. Für Edelgase gibt es keinen Grund, chemische Bindungen mit anderen Elementen einzugehen – sie sind mit sich selbst zufrieden. Chemische Verbindungen mit Edelgasen sind äußerst schwierig herzustellen und zudem sehr instabil. Auch gehen Edelgase keine Verbindungen mit sich selbst ein, sodass sie als einatomige Gase vorliegen. Alle anderen Elemente sind nicht in dieser beneidenswerten Situation. Aber sie können sich mit einem Partner zusammentun und gemeinsam zum »Elektronenglück« finden. Und genau das macht die Chemie so spannend. Sehen wir uns die drei Hauptbindungsarten an.

Ionenbindung

Das Alkalimetall Natrium hat lediglich ein Elektron in seiner Außenschale. Gibt es dieses ab, dann erreicht es die Elektronenkonfiguration von Neon. Aber wem könnte es das Elektron übertragen? Chlor hat sieben Elektronen in der Außenschale, also fehlt ihm nur noch

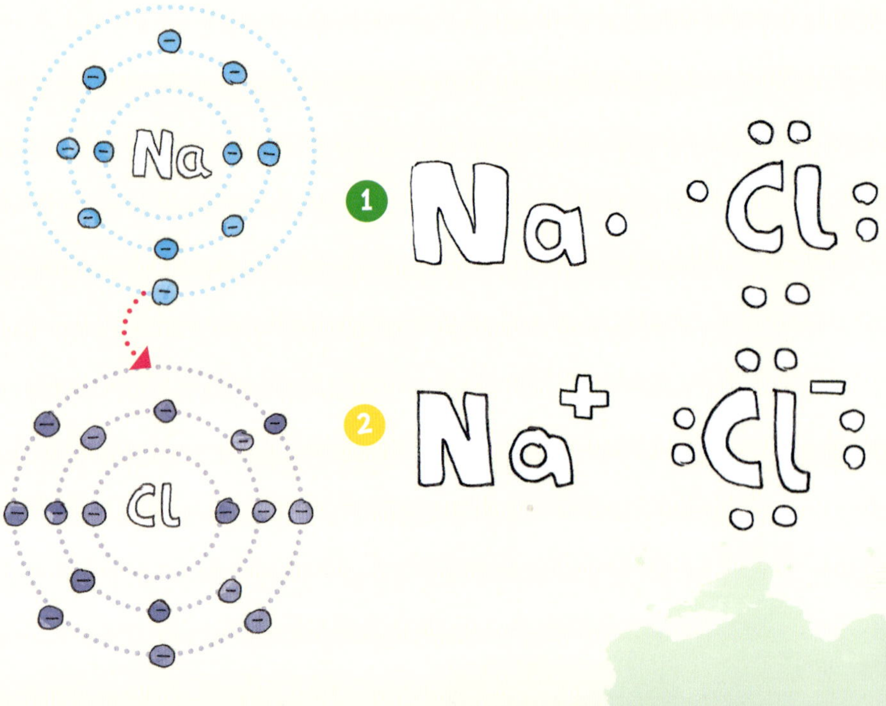

Glückliche Ionen

Bereits das einfache Schalenmodell zeigt, wie durch Abgeben bzw. Aufnehmen eines Elektrons Ionen mit Edelgaskonfiguration entstehen. Einfacher lässt sich die Reaktion von Natriummetall und Chlorgas in der Lewis-Schreibweise darstellen. Dabei werden lediglich Valenzelektronen als Punkte (1) an die vier Seiten des Elementsymbols gesetzt. Indem das eine Valenzelektron vom Na auf das Cl-Atom übergeht, entstehen zwei entgegengesetzt geladene Ionen mit jeweils Edelgaskonfiguration (2).

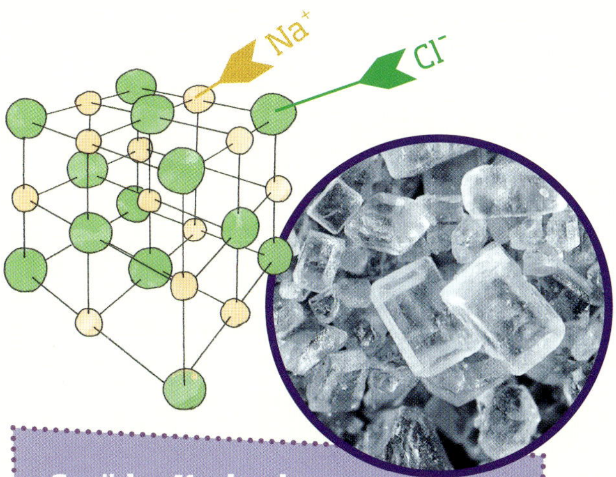

Sprödes Kochsalz
Wir kennen es als Kochsalz – der Chemiker sagt Natriumchlorid dazu oder einfach nur NaCl. Jeder Salzkristall besteht aus einem Ionengitter, in dem abwechselnd Na^+- und Cl^--Ionen angeordnet sind. Verschiebt man aber die Ionen gegeneinander, so stehen sich elektrisch gleich geladene Ionen gegenüber und stoßen sich ab: der NaCl-Kristall zerbricht.

ein Elektron bis zur Elektronenkonfiguration von Neon. Natrium und Chlor wären also zwei ideale Reaktionspartner – der eine gibt sein einziges Valenzelektron ab, der andere nimmt es auf. Aus einem Na-Atom wird ein positiv geladenes Na^+-Ion, aus dem Cl-Atom ein negativ geladenes Cl^--Ion. Tatsächlich verläuft diese Reaktion sehr heftig und überaus feurig. Die entgegengesetzt geladenen Ionen ziehen sich gegenseitig an und bilden ein Ionengitter aus regelmäßig angeordneten Ionen. Dabei wird viel Gitterenergie frei. Du kennst die entstehende Substanz, es ist Natriumchlorid oder Kochsalz. Man kürzt es mit NaCl ab. Mit dieser sogenannten Summenformel sind aber nicht einzelne NaCl-Moleküle gemeint, sondern nur das Verhältnis der Elemente. Es gibt genauso viele Na^+-Ionen, wie Cl^--Ionen in dem Ionengitter. Unzählige Ionen! Man spricht bei diesem Typ der chemischen Bindung zwischen Metallen und Nichtmetallen auch von einer Ionenverbindung. Solche Ionenverbindungen werden von den Chemikern auch Salze genannt.

Metallische Bindung

Metalle wollen ihre Valenzelektronen loswerden, finden aber nicht immer einen Partner, der ihnen die lästigen Elektronen abnimmt. Was tun? Die Lösung ist einfach: Die Elektronen von der Leine lassen und darin baden. Bleiben wir beim Alkalimetall Natrium. Das Natriumatom hat ein Valenzelektron in der M-Schale und das wird abgegeben und die Neonkonfiguration erreicht. Die Valenzelektronen sind nun nicht mehr fest einem Atom zugeordnet, sondern bewegen sich frei. Die positiv geladenen Atomrümpfe werden durch die freien Elektronen wie durch einen Kleber zusammengehalten. Die meisten Metalle sind bei Raumtemperatur fest. Einzige Ausnahme ist das flüssige Quecksilber Hg. Aber auch hier schwimmen die Atomrümpfe in einem Elektronengas, wie man auch sagt. Diese metallische Bindung hält die Atome in Reinmetallen zusammen, aber auch in Legierungen von verschiedenen metallischen Elementen.

Biegsam und leitend
Die positiv geladenen Atomrümpfe sitzen bei den meisten Metallen auf festen Gitterplätzen und sind von frei beweglichen Elektronen umgeben. Dies erklärt, warum Metalle elektrischen Strom leiten. Metalle sind leicht verformbar, denn das Elektronengas passt sich jeder Form an. So kann man Kupfer zu Draht ziehen und diesen auf Spulen wickeln. Man findet Kupfer in jedem Elektrogerät.

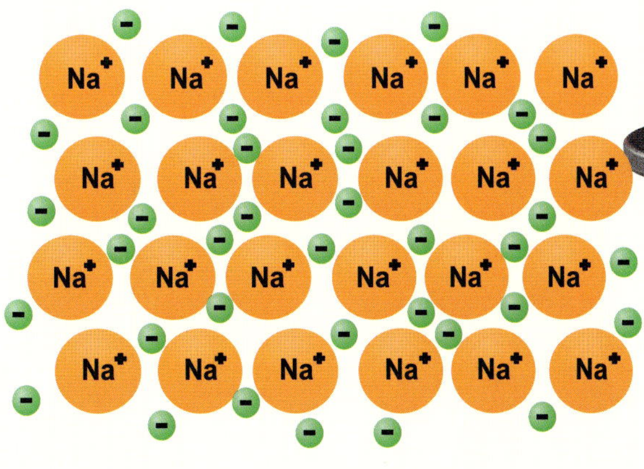

Atombindung

Für manche Elemente kommt die Ionenbindung einfach nicht in Frage. Was soll ein Kohlenstoffatom tun, das vier Valenzelektronen hat? Es ist sehr schwierig, ihm alle vier Valenzelektronen zu nehmen. Das erste Elektron kann man noch leicht entfernen. Aber beim zweiten Elektron muss man bereits gegen die Anziehungskraft des positiven Atomrumpfes arbeiten. Noch schlimmer wird es beim dritten und vierten Elektron. Ähnlich verhält es sich, wenn man vier Elektronen in die Valenzschale hineindrücken möchte, um diese aufzufüllen. Auf diese Weise kommt das Kohlenstoffatom also nicht zu einer Edelgaskonfiguration.

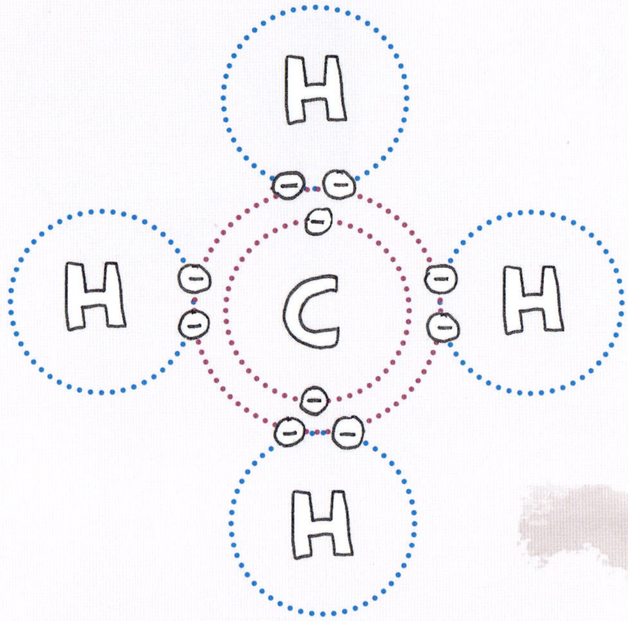

Teilen ist besser

Ein Atom kann sich Elektronen aber auch teilen, und geht so mit einem anderen Atom eine sogenannte Atombindung ein. Das Kohlenstoffatom hat vier Valenzelektronen und verbindet sich mit vier Wasserstoffatomen mit je einem Valenzelektron. Jedes Wasserstoffatom bringt sein Elektron ein und bekommt eines der vier Valenzelektronen des Kohlenstoffs. So hat das Wasserstoffatom zwei Elektronen und damit die erwünschte Heliumkonfiguration. Auch das Kohlenstoffatom ist zufrieden, denn es hat nun acht Elektronen, also die energetisch günstige Neonkonfiguration. Atomverbände aus zwei oder mehr Atomen, die über geteilte Elektronen verbunden sind, nennt man Moleküle. Diese Art der Bindung, bei der sich zwei Atome ein Elektronenpaar teilen, bezeichnet man als Atombindung oder kovalente Bindung.

Methan CH_4
Das Kohlenstoffatom hat vier Valenzelektronen. Wenn es sich Elektronenpaare mit vier Wasserstoffatomen teilt, kommt es zu einer vollständigen Schale mit acht Elektronen. Das Wasserstoffatom kommt so zu einer stabilen Heliumkonfiguration. Elektronenpaare teilen verbindet!

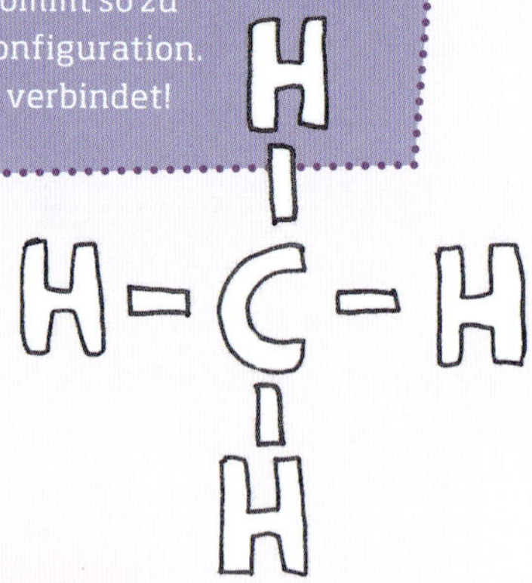

Für Schlauberger

Bindend und nichtbindend
Das von zwei Atomen geteilte Elektronenpaar nennt man bindendes Elektronenpaar. Sollte es noch andere Elektronenpaare der Valenzschale geben, so sind dies freie oder nichtbindende Elektronen – sie tragen nicht zur Bindung bei.

Lebenswichtige Komplexbindung

Eine Bindungsart wollen wir hier nur kurz ansprechen, die Komplexbindung. Nur so viel dazu: Atomionen bzw. Moleküle mit freien Elektronenpaaren lagern sich bei diesem Bindungstyp meist an Metallatome bzw. Metallionen, in der Regel an Übergangsmetalle wie Eisen, Kobalt und Kupfer. Man nennt diese Gebilde auch Komplexe und den Bindungstyp koordinative Bindung. Diese Komplexe sind meist farbig. Ohne Komplexverbindungen wäre Leben undenkbar. Der grüne Blattfarbstoff Chlorophyll und das rote Hämoglobin in deinem Blut sind Komplexe. Das Chlorophyll macht aus Kohlendioxid und Wasser mit Hilfe von Sonnenlicht Zucker und Sauerstoff. Auf dieser Fotosynthese baut fast alles Leben der Erde auf. Den von den Pflanzen gebildeten Sauerstoff wiederum transportiert der rote Blutfarbstoff Hämoglobin bis in die letzte Zelle deines Körpers.

Mehrfachbindungen

Manche Atome gehen besonders starke Bindungen ein, denn sie teilen sich nicht nur ein, sondern gleich zwei Elektronenpaare. Hier spricht man von Doppel- oder Zweifachbindungen. Diese sind stärker als eine Einfachbindung. Noch stärker aneinander gebunden sind Atome, wenn sie sich drei Elektronenpaare teilen. Eine solche starke Dreifachbindung findet sich im Stickstoff (N_2) der Luft. Es ist sehr schwierig, Luftstickstoff zu einer chemischen Reaktion zu bewegen. Deswegen atmen wir Luftstickstoff ein und unverändert wieder aus.

1 

2 

Doppelt und dreifach

Manchmal teilen sich Atome nicht nur ein, sondern zwei oder drei Elektronenpaare, wie beim Kohlendioxid **(1)** oder beim Stickstoffmolekül **(2)**. Die Dreifachbindung beim Stickstoff ist besonders stark und nur schwierig aufzubrechen.

Molekülgeometrie

Das Methanmolekül besteht aus einem C-Atom, an das vier H-Atome über gemeinsame Elektronenpaare gebunden sind. Weil sich die vier bindenden Elektronenpaare gegenseitig abstoßen, versuchen sie, sich möglichst aus dem Weg zu gehen. Deshalb hat das Methanmolekül **(1)** die Geometrie eines Tetraeders **(2)**. Ein Tetraeder ist ein regelmäßiger geometrischer Körpers, der aus vier gleichen Dreiecksflächen besteht.

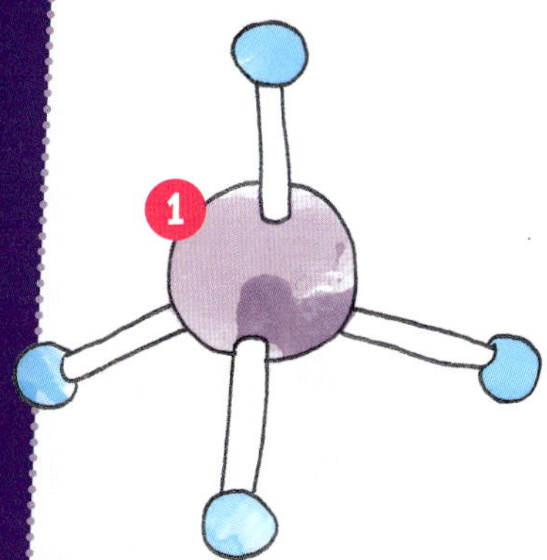

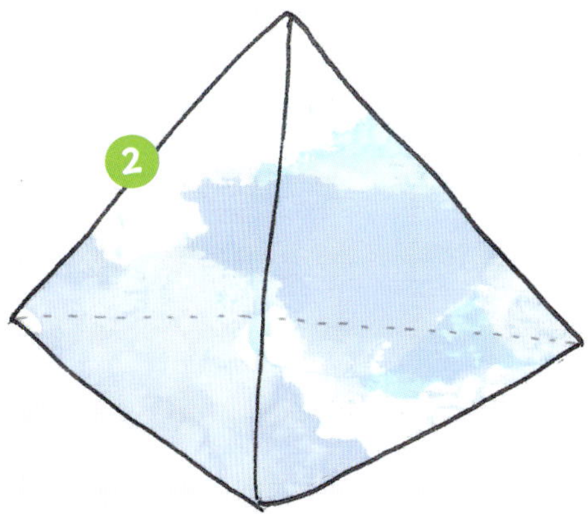

Noch mehr Bindungen – zwischenmolekulare Kräfte

Elektronenpaarbindungen halten die Atome eines Moleküls zusammen. Aber die Moleküle sind auch untereinander verbunden, über sogenannte zwischenmolekulare Kräfte (ZMK). Diese sind zwar wesentlich schwächer als die drei Hauptbindungsarten, machen sich aber bemerkbar – auch im Alltag.

Elektronenliebe

Bei ungleichen Elementen in einer Atombindung gibt es meist einen Partner, der die Elektronen stärker zu sich heranzieht. Die Elektronegativität (EN) ist ein Maß dafür, wie stark ein Element die Bindungselektronen zu sich zieht. Jedem Element wird eine EN zugeteilt. Das Halogen Fluor hat die größte Elektronegativität (4,0), die Alkalimetalle Cäsium bzw. Francium haben mit einer EN von etwa 0,7 die geringste EN aller Elemente. Das Fluor-Atom zieht die bindenden Elektronen stark zu sich und erhält so eine negative Teilladung. Wenn wir wissen wollen, wie die Elektronen in einer chemischen Bindung verteilt sind, dann nehmen wir die Differenz der Elektronegativitäten. Beträgt diese mehr als 1,7, dann haben wir es mit einer Ionenbindung zu tun. Ist die Differenz kleiner als 1,7, dann liegt Atombindung vor.

Polar und unpolar

Bei den Atombindungen müssen wir genauer unterscheiden. Ist die Differenz zwischen 0,5 und 1,7, haben wir es mit einer polaren Bindung zu tun. Der elektronegativere Partner trägt eine negative Teilladung. Das ist zum Beispiel der Fall bei der O-H-Bindung im Wasser H_2O.
Ist die Differenz zwischen 0,0 und 0,5, dann spricht man von einer unpolaren Bindung. Bei der C-H-Bindung ist das der Fall.

Dipol-Dipol-Kräfte

Beim Wasser ist die Differenz der EN von Sauerstoff und Wasserstoff 1,2, also liegt eine polare Atombindung vor, und die Elektronen sind leicht zum Sauerstoff verschoben. Solche Moleküle haben einen positiven und einen negativen Ladungsschwerpunkt, und man nennt sie Dipolmoleküle. Kommen sich zwei Dipolmoleküle nahe, so ziehen sich die unterschiedlich geladenen Pole an. Man spricht von Dipol-Dipol-Kräften (DDK).

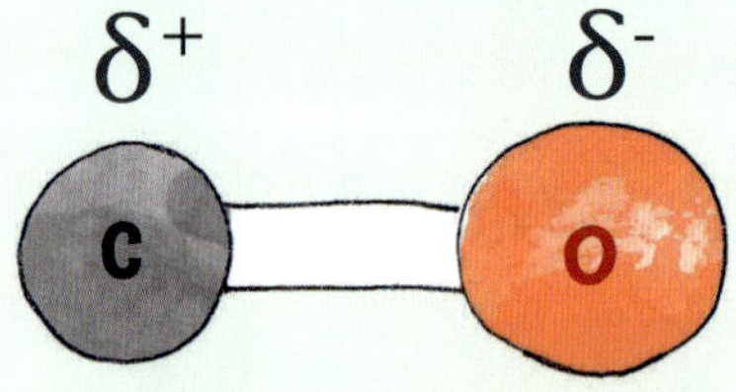

1

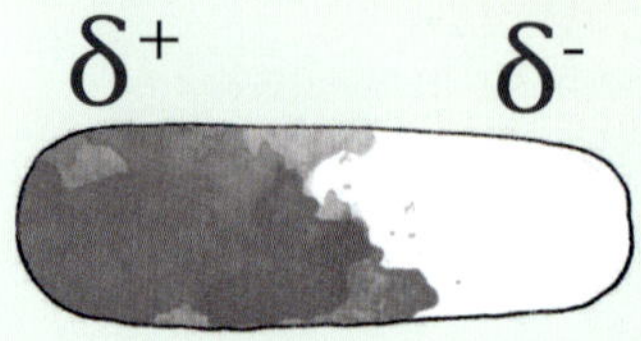

2

3

Die Differenz der Elektronegativitäten im Kohlenmonoxidmolekül beträgt 1,0 – wir haben es also mit einem polaren Molekül zu tun (1). Man kann sich ein solches Dipolmolekül wie eine Art kleiner Magnet vorstellen (2). Zwischen den CO-Molekülen wirken also Dipol-Dipol-Kräfte. Das C-Atom mit der positiven Teilladung fühlt sich vom O-Atom eines anderen Moleküls mit negativer Teilladung angezogen (3).

Ion-Dipol-Kräfte

Dipolmoleküle fühlen sich auch zu Ionen hingezogen. Sie lagern sich mit ihrem positiven Ende an negative Ionen und mit ihrem negativen Ende an positive Ionen. Man spricht von Ion-Dipol-Kräften (IDK). Ein weit verbreitetes Dipolmolekül ist das Wassermolekül. Es ist somit auch das verbreitetste Lösungsmittel und löst Salze wie NaCl oder $CaCl_2$. Die Ionen sind somit von einer Art Wasserhülle umgeben, man nennt sie auch Hydrathülle.

Zwischen den Wassermolekülen und Ionen wirken Ion-Dipol-Kräfte. Die Wassermoleküle legen sich mit dem negativ teilgeladenen Sauerstoffende um das Ca^{2+}-Ion. Beim Cl^--Ion legen sie sich mit der positiv teilgeladenen Wasserstoffseite an das Ion.

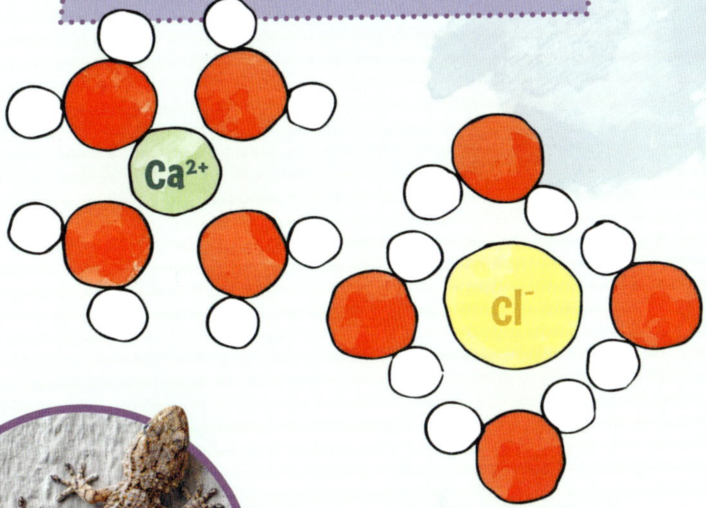

Van-der-Waals-Kräfte

Man könnte annehmen, dass bei unpolaren Molekülen wie H_2 und O_2 keine zwischenmolekularen Kräfte herrschen. Aber das ist falsch! Tatsächlich ist die Elektronenladung nicht immer symmetrisch und somit gleich verteilt, sondern es entstehen für sehr kurze Zeit Dipole, sodass sich auch unpolare Moleküle oder Edelgasatome anziehen. Benannt ist diese schwache zwischenmolekulare Kraft nach dem niederländischen Chemiker Johannes van der Waals.

Zwischenmolekulare Kräfte sind schwächer als Atombindungen und Ionenbindungen, aber die Kräfte können sich aufaddieren. Van-der-Waals-Kräfte sorgen dafür, dass der Reservekanister aus Polyethylen fest ist und das Benzin darin flüssig. Auch klebt der Gecko dank dieser Kräfte an Fensterscheiben und an der Wand.

Wasserstoffbrückenbindung

Wenn ein H-Atom mit einem der vier besonders elektronegativen Atome F, O, Cl oder N verbunden ist, dann kommt es zu sehr stark polarisierten Bindungen. Nehmen wir das Beispiel der O-H-Bindung, wie sie im Wassermolekül vorliegt: Der elektronegative Sauerstoff trägt eine starke negative Teilladung. Die H-Atome hingegen tragen eine positive Teilladung und fühlen sich zu den freien Elektronenpaaren des Sauerstoffs hingezogen. Insgesamt gibt das ein dreidimensionales Gerüst, in dem sich Moleküle miteinander verbinden. Die O-Atome der H_2O-Moleküle sind so über H-Atome wie über Brücken verbunden. Daher auch der Name Wasserstoffbrückenbindung.

Die Wasserstoffbrückenbindung gibt dem Eis eine besonders lockere Struktur. Deshalb schwimmt Eis auf dem Wasser. Wasserstoffbrückenbindungen spielen eine wichtige Rolle auch bei der Struktur von Proteinen und dem Erbmolekül DNA.

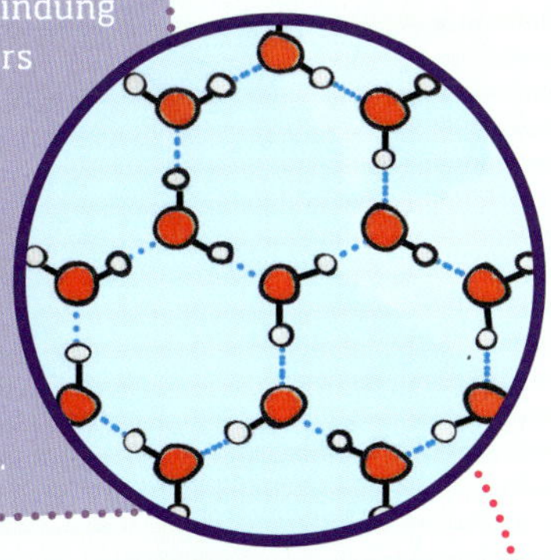

Reaktionsgleichungen schreiben

Man kann eine chemische Reaktion in Worten beschreiben. Aber das ist sehr umständlich und die Chemiker verschiedener Muttersprachen tun sich sehr schwer damit, sich untereinander auszutauschen. Deshalb schreiben sie chemische Reaktionen als Reaktionsgleichungen nieder – diese sind international verständlich und eindeutig.

Die Reaktionsgleichung

Alle beteiligten Stoffe werden mit den Elementsymbolen abgekürzt. Die Ausgangsstoffe, auch Reaktanten oder Edukte genannt stehen auf der linken Seite, die Reaktionsprodukte auf der rechten Seite der Gleichung. Dazwischen steht der Reaktionspfeil. Die Knallgasreaktion, die Verbrennung von Wasserstoff mit Sauerstoff, schreibt sich so:

$2\ H_2 + O_2 \rightarrow 2\ H_2O$

In dieser kurzen Zeile steckt jede Menge Information. Wasserstoff kommt als zweiatomiges Molekül vor, also H_2, ebenso Sauerstoff als O_2. Bei der Knallgasreaktion entsteht Wasser, also das dreiatomige Molekül H_2O. Du siehst auch sofort, dass du bei dieser Reaktion doppelt so viel Wasserstoff wie Sauerstoff einsetzen musst.

Wenn du willst, kannst du auch noch die Aggregatszustände dazuschreiben. Für Feststoffe setzt man ein »s« (englisch: solid), für Flüssigkeiten ein »l« (englisch: liquid) und für Gase ein »g« (englisch: gaseous) jeweils in runden Klammern hinter das entsprechende Edukt und Produkt. Unsere Reaktionsgleichung sieht dann so aus:

$2\ H_2(g) + O_2(g) \rightarrow 2\ H_2O(g)$

Massenerhaltung

Bei chemischen Reaktionen gehen keine Atome verloren, noch entstehen welche aus dem Nichts. Es müssen also von jeder beteiligten Atomsorte auf beiden Seiten des Reaktionspfeils die gleiche Anzahl stehen. Man nennt dies auch das Gesetz von der Massenerhaltung. In unserem Fall der Knallgasreaktion reagieren zwei Wasserstoffmoleküle mit einem Sauerstoffmolekül, und es entstehen daraus zwei Wassermoleküle. Somit stehen links vier H-Atome und zwei O-Atome, und auch rechts stehen vier H-Atome und zwei O-Atome. Die 1 vor dem O_2-Molekül wird nicht geschrieben.

Atome wiegen, nicht zählen!

Bei Eiern hat sich die Mengeneinheit Dutzend bewährt. Ein Dutzend Eier sind zwölf Eier. Eine ähnliche Einheit wird in der Chemie verwendet. Sie heißt »Mol«.

Waagen gehören in jedes Chemielabor, um Stoffmengen bestimmen und bei chemischen Reaktionen die richtigen Verhältnisse der Reaktionspartner einsetzen zu können.

Definition des Mols

Ein Mol ist die Stoffmenge, die aus ebenso vielen Einzelteilen (Atome, Moleküle, Ionen) besteht, wie Atome in 12 Gramm des Kohlenstoff-Isotops C-12 enthalten sind, nämlich $6{,}02 * 10^{23}$. 2 Gramm H2-Gas ist 1 Mol.

Amedeo Avogadro erkannte, dass Gase unter gleichen Bedingungen immer die gleiche Anzahl Teilchen enthalten. Für ideale Gase gilt, dass ein Mol bei Normalbedingungen 22,4 Liter einnimmt. Das ist nützlich, denn Gase lassen sich nur umständlich wiegen. Sehr viel leichter lässt sich das Volumen von Gasen bestimmen. Normalbedingungen sind: Temperatur von 213,15 Kelvin (0 Grad Celsius), und ein Druck von 101 326 Pascal (Normaldruck auf Meereshöhe).

Ein Mol umfasst $6{,}02 * 10^{23}$ Atome beziehungsweise Moleküle. Ausgeschrieben sind das 602 000 000 000 000 000 000 000. Das sind ungefähr sechshunderttausend Millionen Millionen Millionen Atome oder Moleküle. Einfacher zu sprechen sind 600 Trilliarden. Man nennt diese unvorstellbar große Zahl auch Avogadrosche Zahl oder Avogadro-Konstante, nach dem italienischen Wissenschaftler Amedeo Avogadro, der 1811 die Idee dazu hatte, auf diese Weise Stoffmengen in der Chemie anzugeben.

Atommasse und Mol

Kein Chemiker kann ein Mol eines Stoffes abzählen. Stattdessen sieht er im Periodensystem nach, dort steht die Atommasse. Die Atommasse ist die Masse eines Mols dieses Elements. Sie gibt also an, wie viel Gramm eines Elements ein Mol sind. Jedes Element hat seine ganz eigene Atommasse. Natrium hat die Atommasse 22,99, Chlor hat die Atommasse 35,45. Chlorgas liegt als zweiatomiges Cl_2-Molekül vor. Somit beträgt dessen Molekularmasse zweimal 35,45 also 70,90. 70,90 Gramm Chlorgas entspricht einem Mol. Die Atommassen, die im Periodensystem angegeben sind, beziehen sich jeweils auf das natürliche Isotopengemisch, so wie es bei uns auf der Erde vorkommt.

Amedeo Avogadro
1776–1856

Feuer und Flamme

In unserem Alltag begegnen wir laufend Vorgängen, die mit Veränderungen verbunden sind. Wasser verdampft bei 100 Grad Celsius. Ein Streichholz entzündet sich an der Reibfläche. Das eine ist ein physikalischer Vorgang, das andere eine chemische Reaktion. Was aber ist der Unterschied? Wie erkenne ich eine chemische Reaktion?

Eine Sache der Energie

Manche Reaktionen benötigen sehr viel Zeit – sieh dir einfach eine rostende Fahrradkette an. Andere Reaktionen, wie das Verbrennen von Wasserstoff an Luft, verläuft enorm schnell. Bei beiden Reaktionen verbindet sich ein Element mit Sauerstoff, und dabei wird Energie frei. Anderen Reaktionen muss laufend Energie hinzugefügt werden.
Warum verbrennt Papier erst, wenn ich eine Flamme daranhalte? Chemische Reaktionen müssen erst angestoßen werden. Sie müssen aktiviert werden, wie die Chemiker sagen. Das Teilchenmodell erklärt auch, warum das so ist.

Reaktionen beschleunigen

Auch in unserem Körper laufen ständig chemische Reaktionen ab, so auch Verbrennungsvorgänge. Wie gelingt es unseren Zellen, Zucker bei Körpertemperatur zu verbrennen, ganz ohne Flamme? Mit Katalysatoren, also Substanzen, die in chemische Reaktionen eingreifen, ohne sich dabei zu verbrauchen. Übrigens: Dein ganzer Körper läuft nur, weil du voller Katalysatoren bist.

Die Anfänge der Chemie
Unsere Vorfahren nutzten bereits chemische Reaktionen, indem sie lernten, das Feuer zu beherrschen.

Kalte Verbrennnung
Eisen reagiert mit Luft und rostet. Diese Art der Verbrennung dauert sehr lange!

Schnelle Teilchen

Das Kollisionsmodell erklärt die Aktivierungsenergie und noch viel mehr. Rate mal, wie schnell Luftmoleküle sind. So schnell wie ein Fußgänger, ein Schnellzug oder ein Flugzeug?

Entflammte Hölzchen

Mit einer Flamme lässt sich so manche chemische Reaktion in Gang setzen. Wie aber bringe ich ein Streichholz zum Brennen?

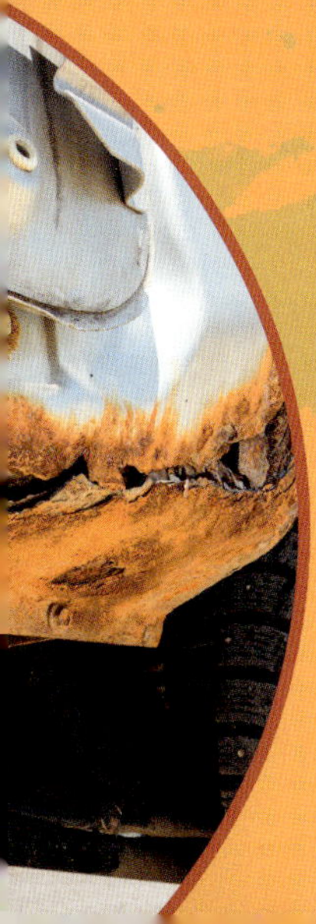

Was ist eine chemische Reaktion?

Wie erkennt man eine chemische Reaktion? Nehmen wir einen Eiswürfel, also Wasser im festen Aggregatzustand. Richtig, es gibt drei Aggregatzustände, mit denen wir es im Alltag meist zu tun haben: fest, flüssig und gasförmig. Eis schmilzt beim Erwärmen bei 0 Grad Celsius zu flüssigem Wasser. Erhitzen wir weiter, so beginnt das Wasser bei 100 Grad Celsius zu verdampfen und geht in den gasförmigen Zustand über. Durch Abkühlen kehren sich diese Vorgänge um und es entsteht zunächst flüssiges, dann festes Wasser. Änderungen des Aggregatzustands fallen nicht unter chemische Reaktionen, denn die Stoffe bleiben unverändert. Man spricht hier von physikalischen Vorgängen.

Braten ist Chemie
Beim Braten eines Spiegeleis laufen verschiedene chemische Reaktionen ab.

Die Sache mit dem Ei

Anderes Beispiel: Wir nehmen ein Hühnerei, schlagen es auf und erhitzen es in der Pfanne. Zunächst wird das flüssige Eiklar weiß und fest. Erhitzen wir weiter, verfärbt sich das Eiweiß und wird braun oder ganz schwarz. Wir haben ein Spiegelei hergestellt. Kühlen wir das Ganze ab, erhalten wir ein kaltes Spiegelei, niemals aber wieder flüssiges Eiklar. Wir haben es beim Spiegeleibraten mit chemischen Reaktionen zu tun, die nicht ohne Weiteres umkehrbar sind. An dieser Stelle nur so viel: Es handelt sich um riesige Eiweißmoleküle mit einem sehr komplizierten Aufbau – also mit Tausenden Atomen, die eine ganz bestimmte Anordnung haben. Durch das Erhitzen wird die alte Anordnung aufgebrochen, und die Atome werden zum Teil neu miteinander verknüpft. Bei einer chemischen Reaktion verändern sich stoffliche Eigenschaften. So kann sich ein Reinstoff beim Erhitzen in zwei oder mehrere Stoffe zersetzen, die völlig andere Eigenschaften haben als der Ausgangsstoff. Das kann ein veränderter Schmelz- oder Siedepunkt sein oder eine andere Farbe. Auch können zwei Reinstoffe miteinander reagieren und als Reaktionsprodukt einen Reinstoff mit völlig neuen Eigenschaften hervorbringen. Beispiel: Metallisch glänzendes und elektrisch leitendes Magnesium verbrennt mit dem Sauerstoff der Luft zu einem weißen Pulver, das den Strom nicht leitet. Als Chemikerin kann man chemische Reaktionen auf der Stoffebene betrachten. Aus einem Feststoff und einem Gas wird ein völlig anderer Feststoff mit neuen Eigenschaften.

Einem Eiswürfel wird es zu warm und er schmilzt. Aus festem Wassereis wird flüssiges Wasser. Ich kann das Wasser jederzeit wieder zu Eis verwandeln – einfach ab damit ins Gefrierfach. Schmelzen und Gefrieren, wie auch Verdampfen und Kondensieren sind physikalische Vorgänge, die umkehrbar sind.

Die Teilchenebene

Aber der Chemiker ist neugierig und will wissen, was bei einer chemischen Reaktion auf der Teilchenebene vor sich geht, wie sich Atome neu miteinander verbinden. Zwei oder mehrere Moleküle können miteinander reagieren und sich in ein neues oder in mehrere neue Moleküle umwandeln. Bestehende Bindungen werden gelöst und neue gebildet. Chemiker versuchen zu verstehen, wie die Atome neu angeordnet werden können und wie sich das auf die Stoffeigenschaften auswirkt.

Sicherheit!
Chemiker bestehen selber aus chemischen Substanzen und müssen daher achtgeben, dass sie nicht in chemische Reaktionen verwickelt werden. Deshalb schützen sie sich und tragen meist einen Laborkittel, Gummihandschuhe und Schutzbrille.

Eine Sache der Energie

Eines der Kennzeichen von chemischen Reaktionen ist die frei werdende oder aufzuwendende Energie. Kohle, Benzin oder Erdgas verbrennt mit dem Sauerstoff der Luft unter Freisetzung von Wärme und Licht. In allen drei Fällen nutzen wir die Energie, entweder zum Heizen oder Kochen oder um sie in Motoren in Bewegungsenergie umzuwandeln. Auch hier werden bestehende Bindungen gelöst und Atome neu verbunden. Im Fall der Kohle entsteht Kohlenstoffdioxid (CO_2), beim Verbrennen von Benzin und Erdgas entstehen Kohlenstoffdioxid (CO_2) und Wasser (H_2O). Wieso aber können wir Kohle an Luft lagern, ohne dass sich die Kohle entzündet? Warum entzündet sich ein Streichholz erst, wenn ich es an der Reibfläche reibe? Das wollen wir uns im Folgenden ansehen.

Feuer ist Chemie
Wenn etwas brennt, hat man es eindeutig mit einer chemischen Reaktion zu tun. Wir werden uns später die Vorgänge im Streichholzköpfchen und in der Flamme genauer ansehen.

Die Sache mit der Energie

Bei einer chemischen Reaktion erfolgt immer eine Stoffumwandlung. Aus den Ausgangsstoffen entstehen Reaktionsprodukte mit neuen Eigenschaften. Die Anzahl und Art der Atome bleibt unverändert. Und so entspricht auch die Masse der Produkte genau der Masse der Ausgangsstoffe. Chemische Reaktionen laufen entweder unter Energiefreisetzung (exotherm) oder unter Energieaufnahme (endotherm) ab.

Exotherme Reaktion
Ein Kraftstoff-Luft-Gemisch wird entzündet. Dabei wird Energie in Form von Wärme und Licht frei. Beides wird an die Umgebung abgegeben. Die entstehenden Reaktionsprodukte sind im Wesentlichen Wasser und Kohlendioxid. Die Gase dehnen sich durch die frei werdende Wärme zusätzlich aus.

Exotherme Reaktionen

Ein Holzfeuer ist eine exotherme Reaktion, die Energie erzeugt, indem Zellulose sich mit Sauerstoff verbindet und dabei Kohlendioxid und Wasser als Reaktionsprodukte entstehen. Genau genommen sind es verschiedene Substanzen, die dabei mit Sauerstoff reagieren.
Der Begriff »exotherm« kommt aus dem Griechischen – »exo« bedeutet »außerhalb« und »therme« bedeutet Wärme. Die Energie einer exothermen Reaktion wird in Form von Wärme und Licht abgegeben. Einige Reaktionen nutzt man gerade wegen ihrer frei werdenden Energie, so die Verbrennung von Kohle oder Erdgas in Kraftwerken oder von Benzin in Verbrennungsmotoren. Bei einer exothermen Reaktion wird ein Teil der in den chemischen Bindungen gespeicherten Energie in Form von Wärme und Licht an die Umgebung abgegeben.

Potzblitz!

Eine Explosion ist eine heftige exotherme Reaktion, bei der zum Beispiel eine brennbare Substanz sehr schnell mit Sauerstoff reagiert und große Mengen gasförmiger Reaktionsprodukte entstehen. Die schnelle Energiefreisetzung lässt die Gase extrem schnell ausdehnen – daher der Knall.

Heftige Reaktion
Metallisches Natrium reagiert mit Wasser zu Natriumhydroxid und Wasserstoffgas. Die Hitze steigert sich mit der Zeit und der Wasserstoff entzündet sich, das heißt, er verbrennt mit dem Luftsauerstoff zu Wasserdampf. Schließlich kommt es zu kleineren Explosionen.

Endotherme Reaktion
Backpulver (Natriumhydrogencarbonat, $NaHCO_3$) reagiert mit einer verdünnten wässrigen Zitronensäurelösung. Bei dieser endothermen Reaktion kühlt sich das Wasser ab und es es wird gasförmiges Kohlenstoffdioxidgas frei. So funktioniert Brausepulver!

Schon gewusst?

Die Fotosynthese ist eine der wichtigsten endothermen Reaktionen. Mit Hilfe des grünen Blattfarbstoffes Chlorophyll wandelt die Pflanze Wasser und Kohlendioxid in Zucker um. Die Energie bezieht die Reaktion aus dem Sonnenlicht. Der Zucker liefert Pflanzenfressern und damit auch uns Menschen die nötige Energie für alle Lebensprozesse.

Endotherme Reaktionen

Bei einigen Reaktionen wird keine Energie frei, sondern es muss ständig Energie zugeführt werden. Oder anders ausgedrückt: Eine solche Reaktion entzieht der Umgebung Energie. In diesem Fall spricht man von einer endothermen Reaktion. »Endo« ist griechisch für »innerhalb« oder »innen«. Du kannst das einfach in einem Experiment feststellen: Löse einen Teelöffel Zitronensäurekristalle in etwas Wasser und miss mit dem Thermometer die Temperatur. Nun gibst du Backpulver hinzu. Die Substanzen reagieren miteinander und Kohlenstoffdioxidblasen steigen auf. Die Temperatur im Reaktionsgefäß sinkt.

Kälte für den Notfall

Vielleicht bist du ja Sportler und benutzt bei Verletzungen Kühlkompressen, um eine Prellung oder Verstauchung zu behandeln. Eine solche Kompresse besteht aus einem Kunststoffbeutel mit Ammoniumnitrat oder Ammoniumchlorid. Außerdem ist noch ein weiterer kleiner Kunststoffbeutel mit Wasser enthalten. Durch Zusammendrücken platzt der Beutel mit dem Wasser auf und reagiert mit dem Ammoniumnitrat beziehungsweise Ammoniumchlorid in einer endothermen Reaktion, die Mischung kühlt sich rasch ab und entzieht der Umgebung Wärme.

Chemische und andere Energien

Energie kann nicht aus dem Nichts erzeugt werden, noch verschwindet Energie einfach so. Eine Energieform kann lediglich in eine andere Energieform umgewandelt werden. Alle Substanzen besitzen chemische Energie, die bei Reaktionen zum Teil in andere Energieformen umgewandelt wird, so in Wärme, Licht, Bewegungsenergie oder elektrische Energie. Denke nur an Batterien – sie wandeln chemische Energie in elektrische Energie um, und diese mit Motoren in Bewegungsenergie.

Der richtige Rumms – das Kollisionsmodell

Chemiker wollen meistens, dass chemische Reaktionen möglichst schnell ablaufen. Unter Reaktionsgeschwindigkeit versteht man, wie sich die Konzentration der Substanzen pro Zeiteinheit verändert. Die Reaktionsgeschwindigkeit gibt also an, wie rasch sich die Ausgangsstoffe in die Produkte umwandeln.

Das Kollisionsmodell

Was bei chemischen Reaktionen vor sich geht, sehen wir uns nun auf der Teilchenebene an. Um miteinander reagieren zu können, müssen sie sich erst einmal sehr nahe kommen, sie müssen zusammenstoßen. Nur so können bestehende Bindungen aufgebrochen werden. Aber nicht jeder Zusammenstoß ist erfolgreich und löst eine Bindung. Ein Zusammenstoß ist dann erfolgreich, wenn er zwei Bedingungen erfüllt: Er muss genügend Energie haben, also richtig viel Rumms! Und dieser Zusammenstoß muss in einer ganz bestimmten Position erfolgen, sodass sich alte chemische Bindungen lösen und neue bilden können. Mit dem Kollisionsmodell können wir auch verstehen, wie wir die Reaktionsgeschwindigkeit steuern können.

Nehmen wir an, Moleküle sind wie tanzende Paare. Bei langsamer Musik gibt es kaum Zusammenstöße mit anderen Paaren und die Paare bleiben zusammen. Bei schneller Musik stoßen die Paare häufiger und heftiger aneinander. Mehr Paare trennen sich dann und im Getümmel bilden sich neue Paare.

Die Konzentration der Stoffe

Je höher die Konzentration, um so mehr Teilchen sind in einem gegebenen Volumen vorhanden. Eine hohe Konzentration bedeutet eine hohe Kollisionswahrscheinlichkeit und damit eine schnellere Umwandlung der Ausgangsstoffe in die Produkte. Um die Konzentration von Gasgemischen in einem Reaktionsgefäß zu erhöhen, kann man entweder die Zahl der Teilchen in einem Volumen erhöhen, oder man verkleinert das

Je höher die Konzentration, umso höher die Zahl der Teilchen pro Volumen. Hohe Teilchenzahl bedeutet höhere Stoßzahl pro Zeiteinheit.

Volumen. In beiden Fällen erhöht sich der Druck im Reaktionsgefäß. Die Teilchen sind nun dichter gepackt, die Wege zwischen zwei Atomen sind kürzer und Kollisionen häufiger. Findet die Reaktion in einer Flüssigkeit statt, so kann ich einfach mehr Ausgangsstoffe im Lösungsmittel lösen und so die Konzentration erhöhen. Bei höheren Konzentrationen der Edukte kommt es vermehrt zu Zusammenstößen.

Der Zerteilungsgrad

Wenn Stoffe miteinander reagieren, die in unterschiedlichen Phasen auftreten (fest-gasförmig, fest-flüssig, fest-fest), dann können nur die Teilchen, die an der Grenzfläche aufeinandertreffen, miteinander reagieren. Je größer also die Grenzfläche ist, umso mehr Kollisionen finden statt. Man spricht auch vom Zerteilungsgrad. Je größer der Zerteilungsgrad, je feiner ein Stoff zerteilt ist, umso schneller läuft die Reaktion ab. Einen Eisenwürfel anzuzünden, wird dir nicht gelingen, aber feine verteilte Eisenwolle kannst du mit dem Bunsenbrenner in Brand setzen.
Um die Oberfläche eines Feststoffes zu erhöhen, kann man ihn zu einem feinen Pulver zermahlen.

Ein großer Brocken hat nur wenig Oberfläche bezogen auf sein Volumen. Die meisten Teilchen befinden sich innen und können (noch) nicht an der Reaktion teilnehmen. Es kommt seltener zu Stößen und damit zu einer Reaktion. Zerteilt man den Brocken in kleinere Stücke, wird die Oberfläche größer, was mehr Stöße zur Folge hat und eine höhere Reaktionsgeschwindigkeit.

Die Temperatur

Warum schwenken Chemiker oft das Reaktionsgefäß über einer Flamme oder tauchen es in ein warmes Wasserbad? Warum haben wir in der Küche einen Herd und einen Backofen? Nun, durch Temperaturerhöhung verlaufen chemische Reaktionen schneller, weil die Teilchen sich schneller bewegen, was wiederum die Zahl der Kollisionen pro Zeiteinheit erhöht. Viel wichtiger ist, dass die Zahl der erfolgreichen Stöße mit zunehmender Temperatur steigt. Das sehen wir uns auf den nächsten Seiten genauer an.

Je höher die Temperatur, umso mehr Teilchen stoßen pro Zeiteinheit zusammen. Auch ist der Anteil der Stöße höher, die ausreichend Energie haben, damit eine Reaktion stattfinden kann.

Schon gewusst?

Manchmal ist der hohe Zerteilungsgrad für grässliche Explosionen verantwortlich. So sind bereits Mehlsilos explodiert, als sich ein Mehlstaub-Luft-Gemisch entzündet an. Solche Staubexplosionen gibt es auch mit Kohle, Metallen, Cellulose und vielen anderen fein verteilten brennbaren Stäuben.

Schnelle Teilchen
und die Aktivierungsenergie

Wenn man zwei Volumenteile Wasserstoff mit einem Volumenteil Sauerstoff vermengt, dann passiert … zunächst einmal gar nichts. Erst der Kontakt mit einer Flamme oder einem heißen Funken lässt das Gasgemisch explodieren. Die beiden Gase reagieren heftig miteinander und es bildet sich Wasserdampf. Die Reaktion muss also erst aktiviert werden. Die Flamme liefert die nötige Aktivierungsenergie.

Unglaublich!

10^{20} Teilchen enthält ein Kubikzentimeter Luft, die bei Raumtemperatur zum Teil mit einer Geschwindigkeit von 1 000 Kilometern pro Stunde zusammenstoßen. Pro Sekunde kommt es zu 10^{28} Kollisionen.

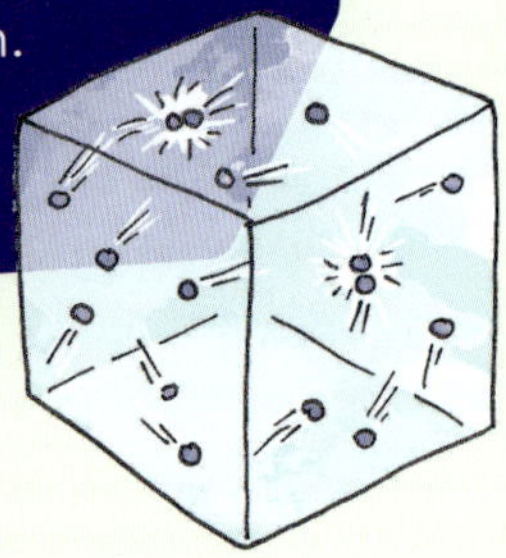

Schnell sein ist alles

Damit es zu einer Reaktion kommen kann, müssen erst die chemischen Bindungen der H_2- und O_2-Moleküle aufgebrochen werden. Dann erst können sich die Atome umordnen und zu Wassermolekülen verbinden. Und das Aufbrechen chemischer Bindungen erfordert eine gewisse Energie. Die Moleküle der Ausgangsstoffe müssen also ausreichend schnell sein, damit sich bei einem Zusammenstoß chemische Bindungen lösen können.

Schnelle Teilchen

Man kann die Geschwindigkeit zum Beispiel von Gasmolekülen in trickreichen Experimenten tatsächlich bestimmen. Dabei stellt man fest, dass Gasmoleküle sehr schnell sein können. Aber nicht alle sind gleich schnell. Es gibt langsamere, mittelschnelle und superschnelle Moleküle. Man kann das in einem Diagramm auftragen und erhält so eine statistische Verteilung der Geschwindigkeiten. Auf die superschnellen Teilchen kommt es bei einer chemischen Reaktion an. Was kann ich tun, um mehr dieser superschnellen Teilchen zu bekommen? Ich kann die Teilchen beschleunigen, indem ich das Gas erhitze. Ab etwa 560 Grad Celsius haben viele Gasmoleküle der Wasserstoff-Sauerstoff-Mischung ausreichend Energie, sodass bei Zusammenstößen die Atombindungen der

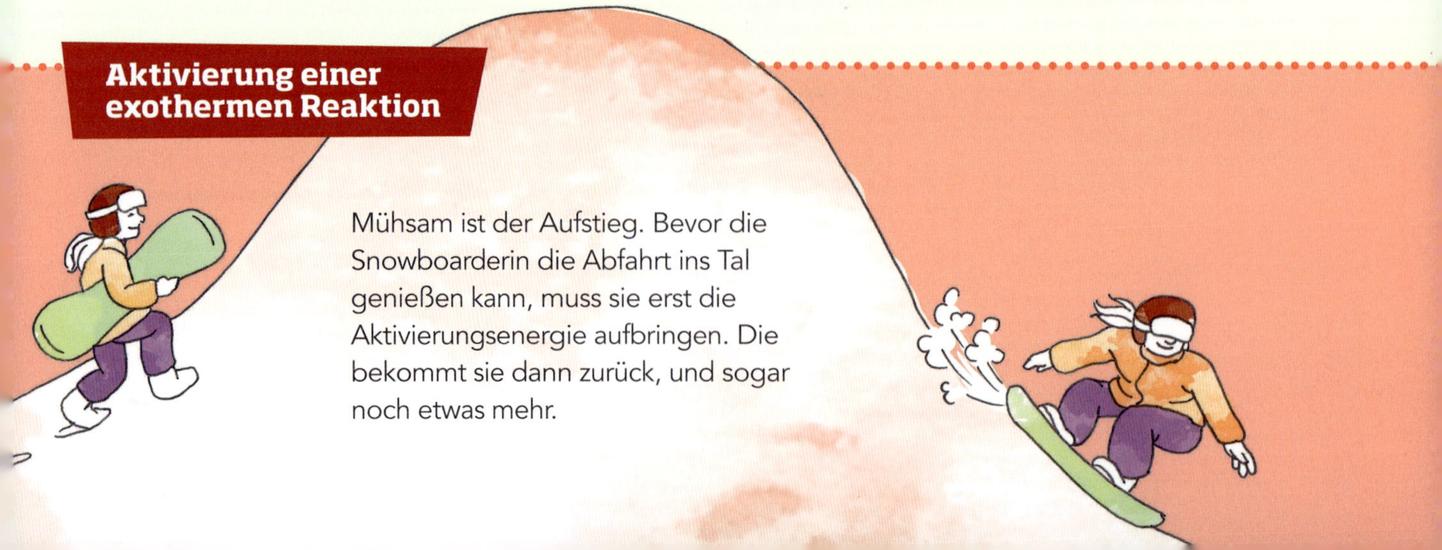

Aktivierung einer exothermen Reaktion

Mühsam ist der Aufstieg. Bevor die Snowboarderin die Abfahrt ins Tal genießen kann, muss sie erst die Aktivierungsenergie aufbringen. Die bekommt sie dann zurück, und sogar noch etwas mehr.

Gasmoleküle aufbrechen und das Gasgemisch zündet. Man nennt diese Temperatur auch Zündtemperatur. Von da an setzt die Reaktion genügend Energie frei, sodass es zu einer Kettenreaktion kommt. Das Gasgemisch dehnt sich durch die Hitze schnell aus. Wir hören das als Knall. Die explosionsartige Verbrennung von Wasserstoff mit Sauerstoff nennt man deshalb auch Knallgasreaktion.

Wärmer geht schneller

Im Alltag möchte man auch hin und wieder, dass chemische Reaktionen schneller ablaufen. Man kann den Kalk im Wasserkocher mit kaltem oder warmem Kalklöser behandeln. Wärmer geht schneller. Und auch stark verschmutzte Wäsche wird bei 60 Grad Celsius schneller und gründlicher sauberer als bei 30 Grad. Als Faustregel gilt, dass sich bei einer Temperaturerhöhung um zehn Grad die Geschwindigkeit einer Reaktion verdoppelt bis verdreifacht.

Schnelle Teilchen sind heiß!

So sieht die Verteilung der Geschwindigkeiten bei Gasen aus. Bei Normalbedingungen, also bei Raumtemperatur und Druck einer Atmosphäre, sind die meisten Moleküle etwa 300 bis 500 Meter pro Sekunde schnell. Aber es gibt auch einige wenige, die schneller sind. Aber es sind zu wenige, um die Reaktion in Gang zu setzen. Durch Erhitzen nimmt die Zahl der schnelleren Teilchen zu. Es kommt auf jene an, deren Geschwindigkeit bzw. Energie die Aktivierungsenergie E_a übersteigt.

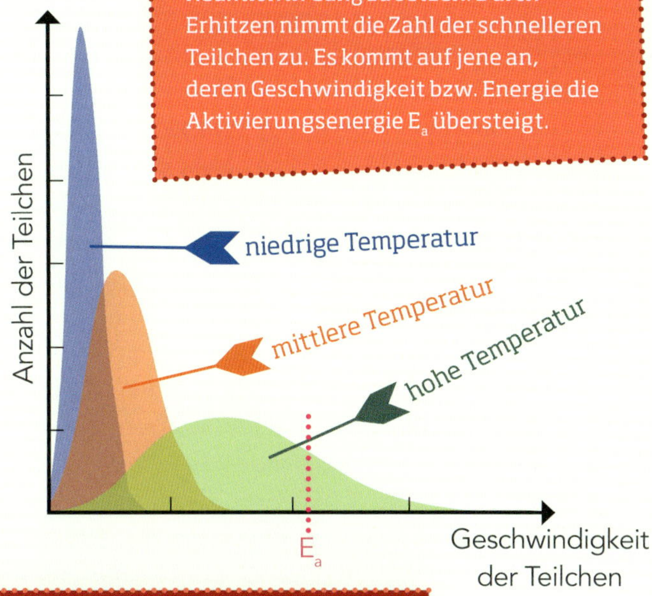

Verdunstung

Dass die Teilchen eines Stoffes sich unterschiedlich schnell bewegen, kannst du ganz einfach an einem Glas Wasser beobachten. Bei jeder Temperatur über dem absoluten Nullpunkt (minus 273,13 Grad Celsius) gibt es langsame und schnelle Teilchen. Wenn du ein Glas Wasser mehrere Tage stehen lässt, dann entweichen die schnelleren, und die langsameren bleiben zurück. Allerdings nehmen die zurückgebliebenen Teilchen aus der Umgebung, also aus der Luft und dem Glas, Bewegungsenergie auf. Die Teilchen werden schneller, einige davon so schnell, dass auch sie entweichen können. Nach einigen Tagen ist alles Wasser verdunstet.

Chemiker zeichnen ihre Energiediagramme etwas nüchterner. Aber an der Aktivierungsenergie geht kein Weg vorbei. Sowohl bei exothermen Reaktionen (1), wie auch bei endothermen Reaktionen (2).

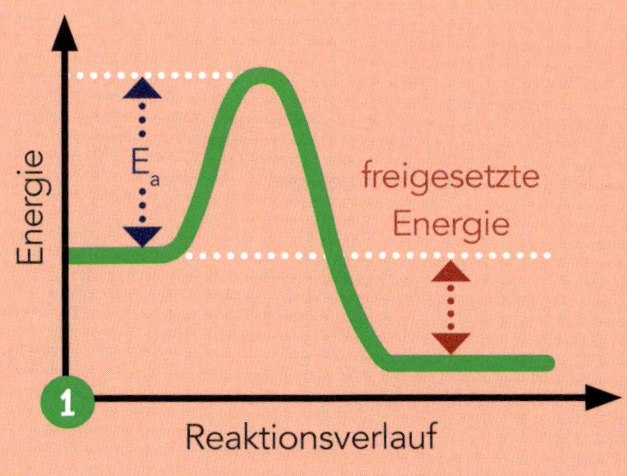

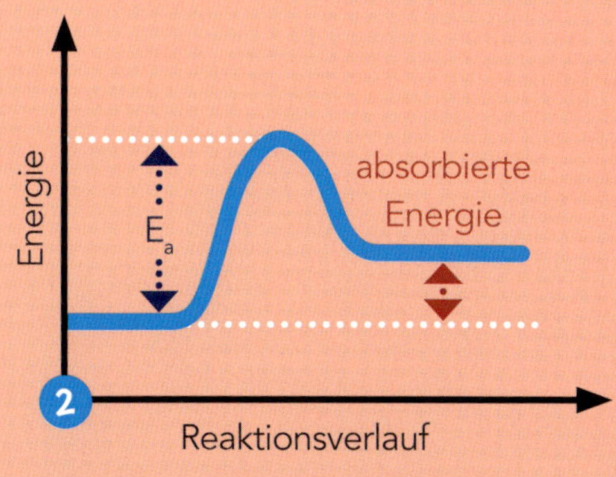

Die Katalyse – der leichtere Weg

Wir haben gesehen: Wenn man zwei Volumenteile Wasserstoff mit einem Volumenteil Sauerstoff vermengt und das Gasgemisch mit einer Flamme entzündet, so bildet sich daraus Wasser – und zwar explosionsartig. Die Flamme liefert die nötige Aktivierungsenergie. Ohne Aktivierung durch die Flamme geschieht nichts.

Knallgasreaktion

Damit es zu einer Reaktion kommen kann, müssen erst die chemischen Bindungen der H_2- und O_2-Moleküle aufgebrochen werden, bevor sich die Atome zu Wassermolekülen verbinden können. Erst ab etwa 560 Grad Celsius haben viele Gasmoleküle ausreichend Energie, sodass bei Zusammenstößen die Atombindungen der Gasmoleküle aufbrechen und das Gasgemisch zündet. Von da an setzt die Reaktion genügend Energie frei, dass es zu einer Kettenreaktion kommt. Aber es geht auch ohne Flamme bei Raumtemperatur – mit einem Trick.

Fahrzeugkatalysator

Manche Edelmetalle helfen, die Autoabgase von gefährlichen Schadstoffen zu befreien. Im Verbrennungsmotor werden die Kohlenwasserstoffe, aus denen Benzin besteht, normalerweise zu Wasser und Kohlendioxid verbrannt. Aber es entstehen auch schädliche Nebenprodukte: giftiges Kohlenstoffmonoxid (kurz: Kohlenmonoxid) und Stickoxide, also Verbindungen aus Stickstoff und Sauerstoff. Außerdem enthalten die Abgase auch geringe Mengen nicht verbrannter Kohlenwasserstoffe. Deshalb werden die Abgase durch einen Katalysator geleitet. Dort werden die Kohlenwasserstoffe zu Wasser und Kohlendioxid verbrannt. Das giftige Kohlenmonoxid wird zu Kohlendioxid oxidiert und die Stickoxide in Stickstoff und Wasser umgewandelt. Die katalytisch wirkenden Edelmetalle Platin, Rhodium und Palladium sind dabei auf ein keramisches Trägermaterial aufgebracht.

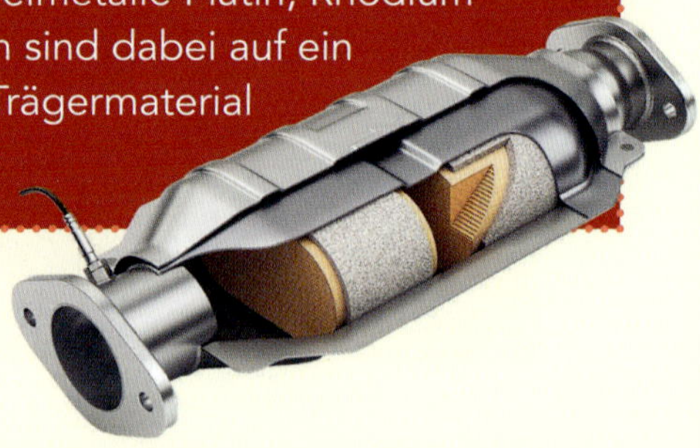

Wie Katalysatoren wirken

Der Katalysator bewirkt eine Absenkung der Aktivierungsenergie. So verläuft die Reaktion bereits bei niedrigeren Temperaturen.

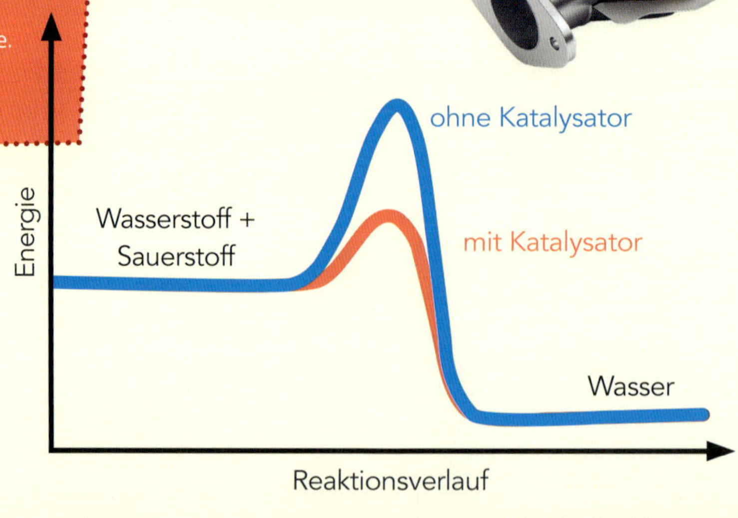

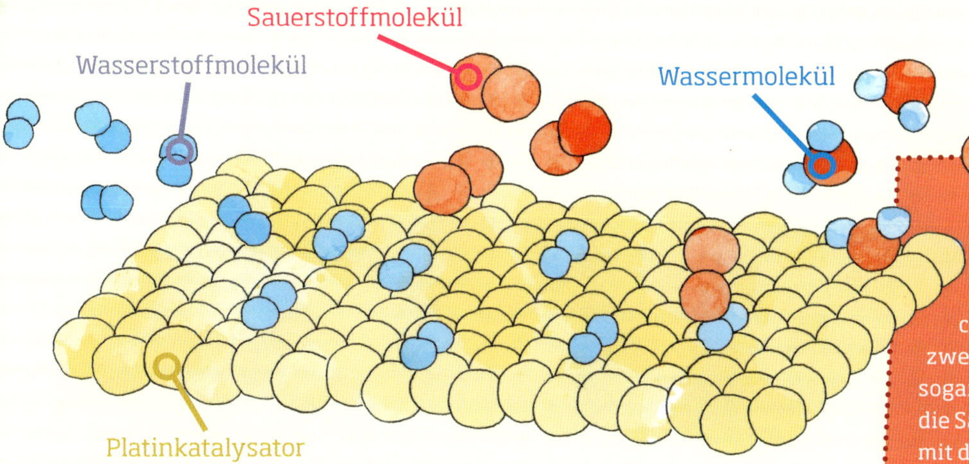

Schwächen und aufbrechen!
An der Platinoberfläche heften sich H_2-Moleküle an. Die chemische Bindung zwischen den zwei H-Atomen wird geschwächt und sogar ganz aufgebrochen. Nun können die Sauerstoffmoleküle leichter mit den H-Atomen reagieren. Die gebildeten Wassermoleküle verlassen die Oberfläche und so können sich weitere Wasserstoffmoleküle an die Platinoberfläche heften.

Aktivierungstrick

Müssen wir also immer die Aktivierungsenergie aufbringen? Ja, das müssen wir. Aber es gibt einen Trick! Man kann die Aktivierungsenergie verringern. Dazu verwenden die Chemiker sogenannte Katalysatoren. Das sind Stoffe, die eine chemische Reaktion ermöglichen und dabei nicht verbraucht werden. Man kann Katalysatoren also in geringen Mengen einsetzen. Ein solcher Katalysator ist das Edelmetall Platin. An seiner Oberfläche brechen die Atombindungen der Wasserstoffmoleküle auf und können nun bereits bei Raumtemperatur mit dem Sauerstoff reagieren. Da bei der chemischen Reaktion die Energie frei wird, heizt sich das Platinmetall bis zum Glühen auf, sodass die Reaktion nicht nur an der Platinoberfläche stattfindet, sondern im Gas selbst. Schon nach wenigen Sekunden knallt es.

Katalyse in der Industrie

In der chemischen Industrie werden bei der Mehrzahl der Prozesse Katalysatoren eingesetzt, so bei der Herstellung von Farbstoffen, Kunststoffen und Benzin. Das spart Rohstoffe und Energie.

Katalyse im Körper

Aber auch du bist auf Katalysatoren angewiesen. In deinem Körper sorgen Biokatalysatoren – auch Enzyme genannt – dafür, dass all die chemischen Reaktionen bei Körpertemperatur stattfinden. So reagieren in den Körperzellen Zucker und Sauerstoff. Dank der Enzyme geht diese Verbrennung auch ohne Flamme. Bei der Verdauung zerlegen spezialisierte Enzyme die Nahrungsmittel in ihre Bestandteile. Das fängt bereits im Mund an. Nimm einfach ein Stück Brot in den Mund und kaue es gründlich. Du wirst feststellen, dass es nach wenigen Minuten süßlich schmeckt. Ein im Speichel enthaltenes Enzym, die Alphaamylase hat größere Stärkemoleküle in kleinere Glucosemoleküle zerlegt – also in Zucker!

Katalyse in den Bergen
Die Snowboarderin steigt nicht mühsam auf den Gipfel hinauf, sondern nimmt den einfachen Weg durch den Tunnel und fährt von dort aus ins Tal. Das ist weniger anstrengend, aber auch unsportlich.

Das Elektronenspiel

Seit Urzeiten nutzt der Mensch das Feuer. Dass sich dabei Substanzen mit Sauerstoff verbinden, wusste er nicht. Das Hinzufügen von Sauerstoff, die Oxidation, hat auch ein Gegenstück, die Reduktion. Ohne die atomaren Vorgänge bei chemischen Reaktionen zu verstehe, nutzte man die Reduktion, um aus Eisenerzen Eisen herzustellen, ein wichtiger Werkstoff bis heute.

Eisen und Kohlenstoff

Zwei Elemente haben die industrielle Revolution vorangetrieben: Eisen und Kohlenstoff. Der Kohlenstoff half, das Eisen aus dem Eisenerz zu gewinnen. Er war zugleich Energiequelle und Reduktionsmittel. Eisen und Kohlenstoff veränderten die Welt grundlegend – zum Guten und zum Schlechten. Ein großes Problem ist das Kohlendioxid CO_2, das bei der Eisenherstellung entsteht, wie auch beim Verbrennen von Kohle, Erdöl und Erdgas. Das Treibhausgas reichert sich in der Atmosphäre an, die Erdatmosphäre heizt sich auf und das Klima verändert sich weltweit. Aber die Chemie kann dazu beitragen, Lösungen für das CO_2-Problem zu finden.

Die Elektronen sind es!

Bei Oxidations- und Reduktionsreaktionen geht es immer darum, Elektronen zu verschieben. Und genau das kann man auch mit anderen Stoffen machen – ohne Flamme und ohne Knall in der Batterie oder in der Brennstoffzelle. Ein vielversprechender Kandidat für einen neuen Energieträger der Zukunft ist Wasserstoff.

Eisenstark!
Die meisten Fahrräder bestehen aus ziemlich viel Eisen. Du willst wissen, wie man Eisen gewinnt?

Problemmolekül
Kohlendioxid ist ein Problemmolekül. Das Treibhausgas wird vom Menschen in großen Mengen in die Atmosphäre entlassen und trägt dort wesentlich zur globalen Erwärmung bei.

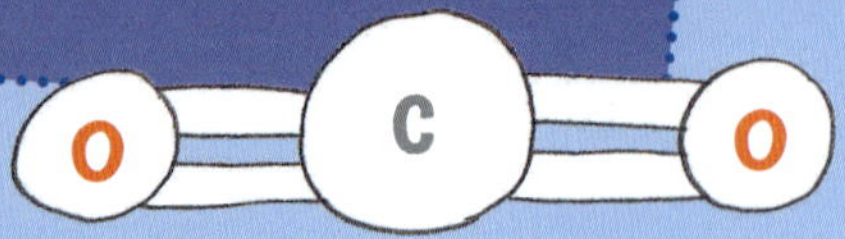

Besser vermeiden!

Vielfältiges Element
Man kann mit Kohlenstoff in Form von Grafit schreiben oder ihn als Diamant als Schmuck tragen. Es gibt aber auch noch andere spannende Formen von Kohlenstoff. Diese unterscheiden sich lediglich darin, wie die Atome miteinander verknüpft sind.

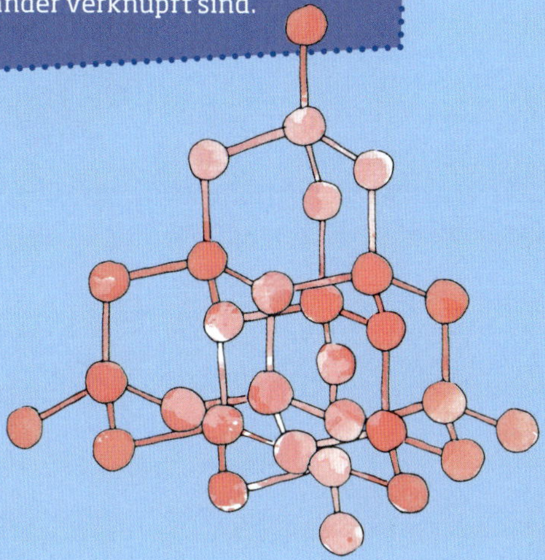

Super-Wasserstoff!
Mit elektrischem Strom kann man superleicht Wasserstoff und Sauerstoff herstellen. Und umgekehrt geht es auch: In der Brennstoffzelle verbrennen die beiden Gase wieder zu Wasser und erzeugen elektrischen Strom.

Zitronenbatterie
Zwei unterschiedliche Metalle und eine Zitrone. Fertig ist die Zitronenbatterie. Das funktioniert auch mit einer Kartoffel.

Sensationeller Kohlenstoff

Kohlenstoff ist nach Wasserstoff das häufigste Element in Pflanzen und Tieren. So können sich Organismen nach ihrem Tod unter Luftabschluss in kohlenstoffreiche chemische Verbindungen umwandeln. Über Jahrmillionen bildeten sich auf diese Weise aus Pflanzenteilen und Mikroorganismen die fossilen Energieträger und Rohstoffe Kohle, Erdöl und Erdgas.

Allotrope

Kohlenstoff ist das vierte Element in der zweiten Periode und hat somit vier Außenelektronen, mit denen es vier Atombindungen mit anderen Elementen und mit sich selbst eingehen kann. Je nachdem wie diese Bindungen ausgerichtet sind, kann reiner Kohlenstoff in höchst unterschiedlichen Formen vorliegen, und das wirkt sich auf die Eigenschaften aus. Der Chemiker nennt die unterschiedlichen Formen eines Elements auch Allotrope.

Formen des Kohlenstoffs

Unglaublich, aber wahr: Diamant besteht aus Kohlenstoffatomen und Grafit ebenso. Diamant ist ein sehr harter, durchsichtiger Edelstein. Sprichwörtlich ist seine Härte 10 in der Mohsschen Härteskala. Mit einem Diamantschneider lässt sich Glas ritzen und mit Diamantsägen lassen sich fast alle anderen Stoffe schneiden. Ganz anders sind die Eigenschaften von Grafit, der ebenfalls ausschließlich aus Kohlenstoffatomen besteht.
Grafit ist ein grauer Feststoff, der auch als Schmiermittel

Diamant

Jedes Kohlenstoffatom ist mit vier anderen Kohlenstoffatomen über Atombindungen verbunden. Die vier Bindungen spannen einen Tetraeder auf. Das starre Diamantgitter erklärt die enorme Härte und den hohen Schmelzpunkt von Diamant.

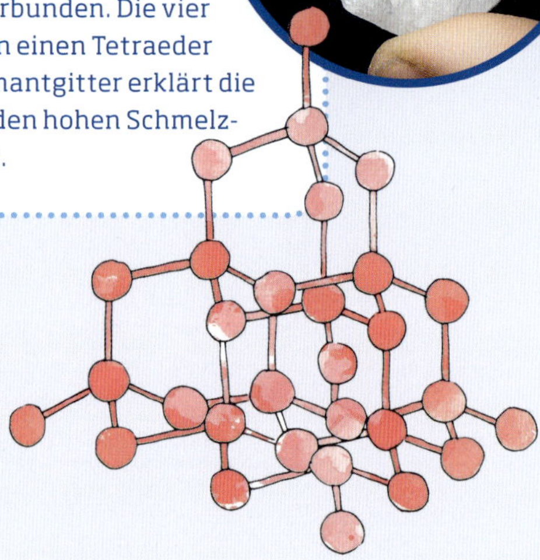

Grafit

Jedes Kohlenstoffatom ist mit drei anderen verbunden. Die Atome bilden Ebenen, die aus Sechsecken zusammengefügt sind. Die Bindungen innerhalb der Schichten sind nur schwer aufzubrechen und somit hat Grafit einen hohen Schmelzpunkt. Die Anziehungskraft zwischen den Schichten ist gering und deshalb gleiten sie leicht gegeneinander. Das macht Grafit zu einem idealen Schmierstoff. Drei Elektronen jeden Kohlenstoffatoms sind in den Atombindungen »verbaut«, die das Sechseckgitter aufspannen. Das vierte Elektron ist in der Schichtebene frei beweglich, was die gute elektrische Leitfähigkeit erklärt.

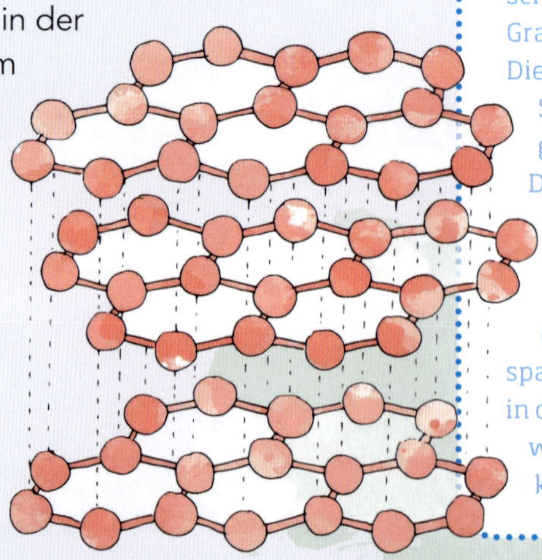

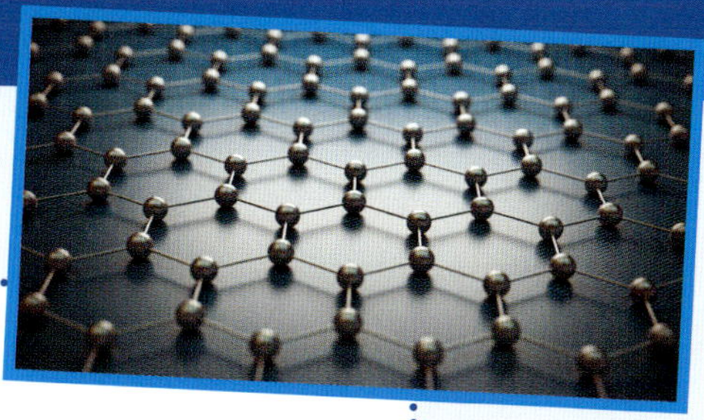

Graphen

Graphen besteht aus nur einer einzigen Lage von Grafit. Es ist also eine superdünne Kohlenstofffolie. Im Grunde kommt es in jedem Bleistiftstrich vor. Beim Schreiben oder Zeichnen mit dem Bleistift werden unterschiedlich dicke Stapel von Kohlenstoffschichten abgerieben, darunter auch solche, die aus nur einer Atomlage bestehen. Dieses zweidimensionale Molekül zeichnet sich durch eine hohe elektrische Leitfähigkeit aus. Von diesem Material versprechen sich die Forscher neuartige Computerchips, hochfeste Materialien, flexible elektronische Bauteile und vieles mehr.

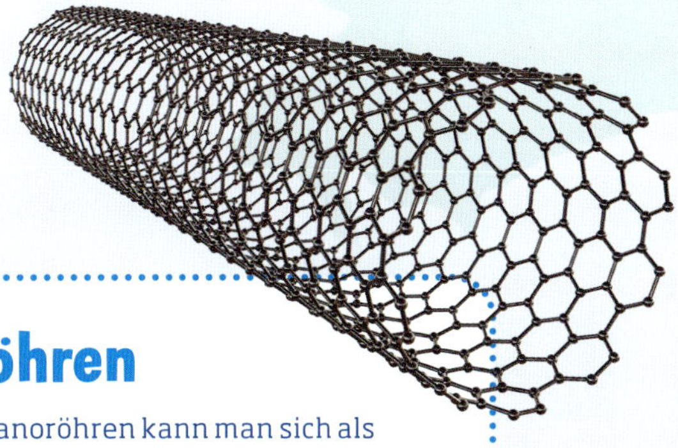

Nanoröhren

Kohlenstoffnanoröhren kann man sich als aufgerollte Graphenschichten vorstellen. Die Röhren sind nur einige Milliardstel Meter dick, können aber viele Zentimeter lang sein. Wegen ihrer außerordentlichen Festigkeit werden sie unter anderem in neuen Materialien eingesetzt, etwa für hochbelastbare Tennisschläger. Die Kohlenstoffnanoröhren zählen zu den Fullerenen.

Schon gewusst?

Das am besten erforschte C_{60}-Fulleren wurde zu Ehren des amerikanischen Architekten Richard Buckminster Fuller auch Buckminster-Fulleren genannt, da dieses Molekül der von ihm entworfenen kuppelförmigen Gebäude ähnelt.

Buckminster-Fulleren

Dieses Molekül ist aus 60 Kohlenstoffatomen aufgebaut, weshalb man es auch mit C60 abkürzt. Die Atome ordnen sich wie in einem Fußball in 20 Sechsecken und 12 Fünfecken an und bilden eine Hohlkugel. In geringen Mengen kommt es in Ruß vor. Es gibt auch größere Fullerene mit zum Beispiel 70, 76, 80 oder 90 Kohlenstoffatomen. Solche Fullerene kann man auch um andere Atome oder kleinere Moleküle herumbauen, sodass diese wie in einem Käfig eingeschlossen sind. Das C60-Fulleren wurde sogar im interstellaren Raum nachgewiesen.

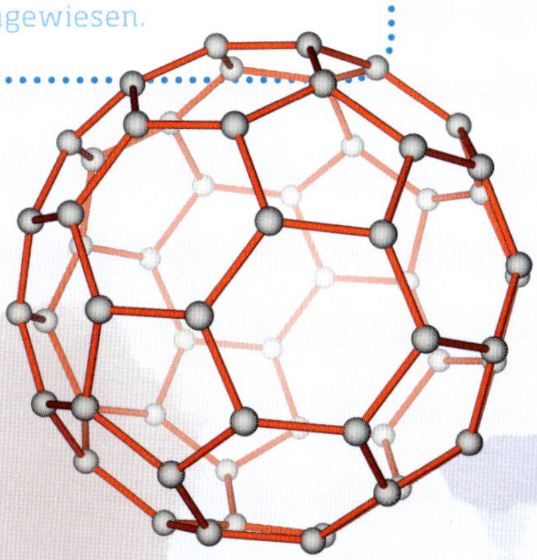

verwendet wird. Wenn du einen Bleistift benutzt, dann zeichnest du nicht etwa mit Blei, wie der Name vermuten lässt, sondern mit Grafit. Diamant ist ein elektrischer Isolator, während Grafit elektrischen Strom sehr gut leitet. Besonders spannend sind die erst in den letzten Jahrzehnten entdeckten Allotrope Graphen und verschiedene Formen von Fullerenen. Das Bekannteste ist ein kugelförmiges Molekül aus 60 Kohlenstoffatomen, das wie ein Fußball aussieht. Fullerene und Graphen warten mit ganz besonderen elektrischen und mechanischen Eigenschaften auf und gelten als Hightech-Werkstoffe der Zukunft.

Oxidation und Reduktion

Elementares Eisen findet man in der Natur ausschließlich als Eisenmeteoriten, die den Weg aus dem All zur Erdoberfläche gefunden haben. Ansonsten kommt Eisen in seiner oxidierten Form vor, häufig in den Eisenerzen Hämatit (Fe_2O_3) oder Magnetit (Fe_3O_4). Wie aber kommen wir an das Eisen, um daraus einen Fahrradrahmen oder Schrauben herzustellen? Richtig, wir müssen den Eisenerzen den Sauerstoff wegnehmen. Und dafür gibt es auch einen eigenen Ausdruck: Beim Hinzufügen von Sauerstoff sprechen wir von Oxidation, beim Wegnehmen von Sauerstoff von Reduktion. Wir müssen also Eisen reduzieren, und dabei hilft uns Kohlenstoff.

Der Hochofen

Für die Eisenherstellung werden rund 100 Meter hohe Hochöfen gebaut. Diese werden von oben mit Koks und zum Beispiel Hämatit befüllt. Koks wurde aus Steinkohle hergestellt und besteht zu rund 95 Prozent aus Kohlenstoff. Das Hämatit Fe_2O_3 enthält das Eisen, das wir gerne hätten. Hinzu kommen noch Zuschläge wie zum Beispiel Calciumoxid. Diese Zuschläge verbinden sich in der Hitze mit dem im Erz enthaltenen Gestein zu flüssiger Schlacke und entfernen so unerwünschte Elemente aus dem Eisen.

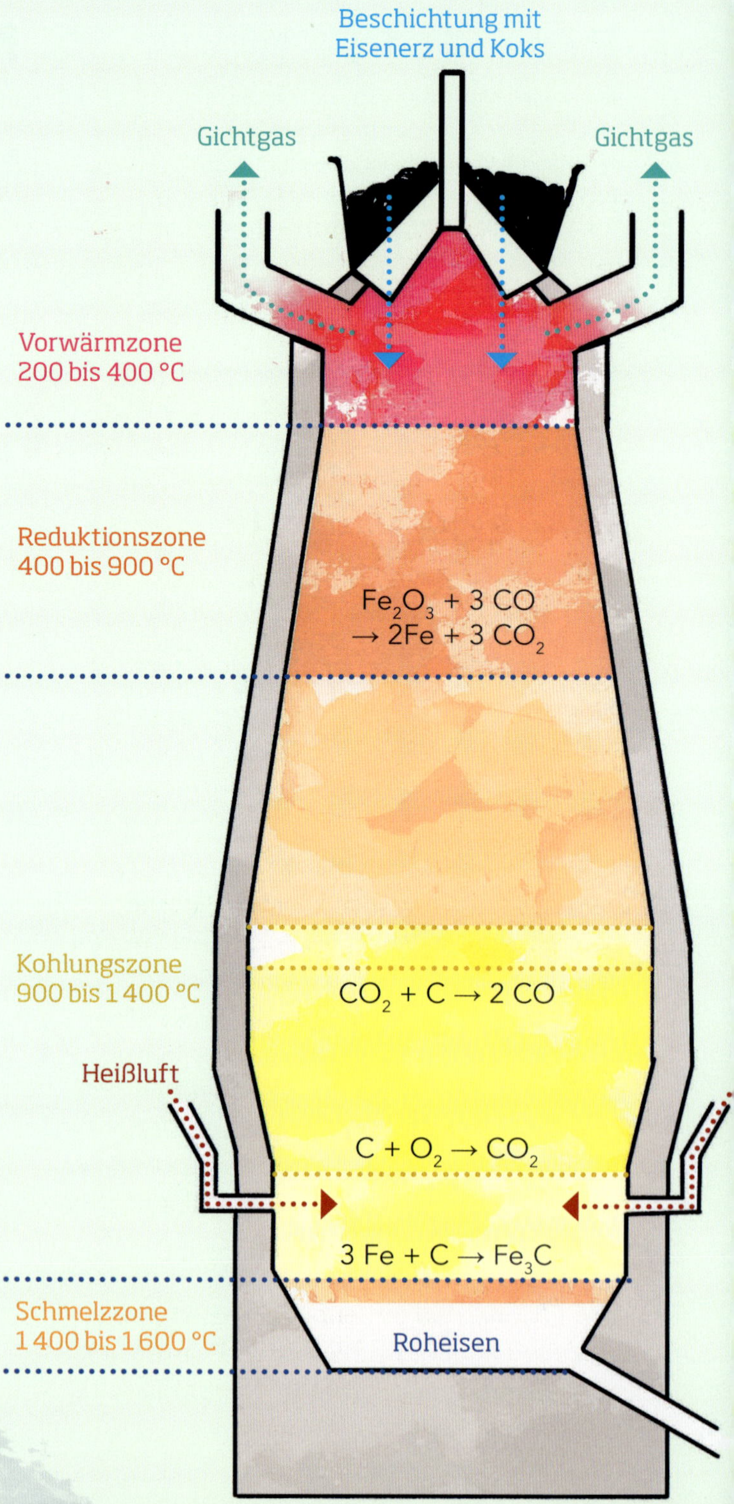

Heiße Sache!
Beim Abstich des Roheisens tragen die Hochofenarbeiter Schutzkleidung. Das Roheisen fließt in einen speziellen Eisenbahnwaggon, mit dem es dann ins Stahlwerk geht.

Eine kohlenstoffbasierte Lebensform verbrennt mit Hilfe von Biokatalysatoren Zucker und wandelt chemische Energie in Bewegungsenergie um – das ist ein klarer Fall von Oxidation. Das Eisen für das Fahrrad wurde mit Kohlenstoff als Reduktionsmittel aus Eisenerzen gewonnen.

Heiße Luft

Jetzt bläst man von unten 600 bis 800 Grad Celsius heiße Luft in den Hochofen hinein. Der darin enthaltene Sauerstoff oxidiert den Kohlenstoff, aber nicht zu Kohlendioxid (CO_2), sondern nur teilweise zu Kohlenmonoxid (CO):

$2\,C + O_2 \rightarrow 2\,CO$

Das CO steigt im Hochofen auf und reduziert das darüberliegende Eisenoxid stufenweise zu Eisen:

$3\,Fe_2O_3 + CO \rightarrow 2\,Fe_3O_4 + CO_2$

$Fe_3O_4 + CO \rightarrow 3\,FeO + CO_2$

$FeO + CO \rightarrow Fe + CO_2$

Das Boudouard-Gleichgewicht

Das entstehende Kohlendioxid reagiert bei hohen Temperaturen mit dem Kohlenstoff, es wird vom Kohlenstoff reduziert:

$CO_2 + C \rightleftharpoons 2\,CO$

Dir fällt der Doppelpfeil auf? Gut, dieser Pfeil besagt, dass hier ein chemisches Gleichgewicht vorliegt und sich die Hinreaktion und die Rückreaktion die Waage halten. Man nennt diese besonders Gleichgewichtsreaktion Boudouard-Gleichgewicht, benannt nach ihrem Entdecker Octave Leopold Boudouard.

Je nach Reaktionsbedingungen kann man die Reaktion eher in die eine oder in die andere Richtung verschieben. In den weniger heißen Zonen weiter oben im Hochofen wird die Reaktion zur linken Seite hin verschoben und das Kohlenmonoxid zerfällt in Kohlenstoff und Kohlendioxid. Der Kohlenstoff ist extrem fein verteilt und somit ein prima Reduktionsmittel:

$Fe_2O_3 + 3\,C \rightarrow 2\,Fe + 3\,CO$

Aus Roheisen wird Eisen

Das Eisen löst einen Teil des Kohlenstoffs und das führt zu einem niederen Schmelzpunkt. Anstatt bei 1 539 Grad Celsius schmilzt das kohlenstoffhaltige Eisen schon bei etwa 1 200 Grad Celsius. Das flüssige Roheisen sackt nach unten und wird dort abgestochen und in einem Spezialwaggon aufgefangen. Würde man es erstarren lassen, hätte man extrem sprödes und unbrauchbares Roheisen. Man könnte dieses Eisen weder schmieden noch Bleche walzen oder Drähte ziehen.

Der Waggon mit dem flüssigen Roheisen wird auf Schienen in das benachbarte Stahlwerk gefahren. Dort bläst man zum Beispiel Sauerstoff in die immer noch flüssige Eisenschmelze und verbrennt so einen Teil des Kohlenstoffs. Auch werden weitere Zusätze hinzugegeben. Es gibt viele Rezepte, das Eisen so zu veredeln, dass es genau die richtigen Eigenschaften für die gewünschte Verwendung bekommt.

Kürzer und einfacher

Im Hochofen passiert also jede Menge. Aber letztlich kann man die Reduktion des Fe_2O_3 in einer einzigen Reaktionsgleichung zusammenfassen:

$2\,Fe_2O_3 + 3\,C \rightarrow 4\,Fe + 3\,CO_2$

Aus dem Eisenerz Hämatit wird Eisen, indem der Kohlenstoff den Sauerstoff übernimmt. Der Kohlenstoff ist hier das Reduktionsmittel. Der Kohlenstoff wird dabei oxidiert und entweicht als Kohlendioxid – leider!

Die Chemie des Feuerwerks

Du kennst nun einige chemische Reaktionen. Viele laufen eher langsam ab und wenig spektakulär – und das ist auch gut so! Wenn in deinen Zellen Zucker verbrennt, dann geschieht das langsam und kontrolliert durch Biokatalysatoren. Sehr viel schneller und beeindruckender sind Verbrennungsvorgänge, die bei einem Feuerwerk ablaufen. Das Knallen und Pfeifen, die Farben und Muster am Nachthimmel, das alles ist faszinierende Chemie. Wie aber funktioniert ein Feuerwerk?

Raketenantrieb

Eine Rakete folgt dem gleichen Prinzip wie ein aufgeblasener Luftballon – lässt du ihn los, drückt es die Luft durch die Düse und treibt den Ballon nach vorne. Gase entweichen durch eine Düse und treiben den Ballon beziehungsweise die Rakete nach vorne. Um eine Rakete zu bauen, musst du eine chemische Reaktion finden, die innerhalb kürzester Zeit möglichst viel Gas erzeugt. Vor mindestens 1000 Jahren gelang dies einem unbekannten Chinesen, der Kaliumnitrat KNO_3, fein zerriebene Holzkohle, also Kohlenstoff C und Schwefelpulver S miteinander vermischte. Die besten Resultate erzielt man, wenn man 75 Gewichtsprozent KNO_3, 15 Prozent C und 10 Prozent S verwendet. Das Kaliumnitrat enthält den Sauerstoff, nimmt somit die Rolle des Luftsauerstoffs ein. Kaliumnitrat ist also das Oxidationsmittel. Kohlenstoff und Schwefel sind Reduktionsmittel:

$$16\,C(s) + 4\,S(s) + 10\,KNO_3(s) \rightarrow$$
$$15\,CO(g) + K_2CO_3(s) + 4\,K_2SO_3(s) + 5\,N_2(g)$$

Bei dieser Verbrennung entstehen also aus Feststoffen jede Menge Gas und Temperaturen von etwa 2000 Grad Celsius, was die sich bildenden

Für Schlauberger

- 3000 Grad Celsius heiß kann so manches Feuerwerk werden. Als Chemiker kennst du ja die Gefahren, die von exothermen Reaktionen ausgehen!
- Für die Treibladung wird meist Schwarzpulver verwendet, das mit einer Geschwindigkeit von 300 bis 600 Meter pro Sekunde abbrennt.
- Sehr oft werden der Treibladung noch Aluminium- oder Eisenspäne hinzugefügt. Die Metallspäne sorgen für einen Funkenschweif.

Wie bekomme ich eine Rakete in die Höhe? Ganz einfach, du brauchst eine exotherme Reaktion, die viel Gas entwickelt. Und woher kommen die Farben? Dazu suchst du dir die richtigen Elemente raus und lässt deren Elektronen springen. Chemie kann so schön sein!

Wahrscheinlich wurde das Schwarzpulver im alten China erfunden. Damit wurden Knallkörper gebaut. Später wurden hohle Bambusrohre mit Schwarzpulver gefüllt und auf Pfeile montiert, um diese auf gegnerische Heere herabregnen zu lassen.

Gase zusätzlich ausdehnen lässt. Die Feststoffe Kaliumkarbonat und Kaliumsulfit machen sich als Rauch bemerkbar.
Die nach unten ausgestoßenen heißen Gase führen dazu, dass die Rakete eine Kraft nach oben erfährt – sie kann abheben. Mit dem gleichen Prinzip starten auch die großen Trägerraketen ins All. Sie bringen Satelliten oder Astronauten in eine Erdumlaufbahn oder Raumsonden zum Mars.

Jetzt kommt Farbe ins Spiel

Der Schwarzpulvertreibsatz liefert also den nötigen Schub und lässt die Rakete in den Himmel steigen. Bereits ein oder zwei Sekunden später entzünden sich sogenannte Kugelsterne, die sich über dem Treibsatz in einer zweiten Papphülse befinden. Auch bei diesen wenige Millimeter großen Kugelsternen liefern Oxidationsmittel wie Nitrate oder Perchlorate den Sauerstoff. Mit diesem Sauerstoff reagieren Brennstoffe – also Reduktionsmittel – und erzeugen derart hohe Temperaturen, dass bestimmte farbgebende chemische Elemente zum Leuchten angeregt werden.
Die Brennstoffe können Zucker, Kohlenstoff oder Schwefel sein, aber auch feinverteiltes elementares Magnesium oder Aluminium. Bereits abbrennendes Schwarzpulver erzeugt gelbliches Licht. Damit das Feuerwerk in allen denkbaren Farben leuchtet, werden unterschiedliche Metallsalze hinzugefügt. Oft eingesetzt werden Natriumsalze (gelb), Strontiumsalze (rot), Bariumsalze (grün) und Kupfersalze (blau). Durch Kombination dieser Salze lassen sich auch andere Farbeindrücke mischen. Kupfer- und Strontiumsalze ergeben zusammen violett. Um goldene Effekte zu erzielen wird Holzkohle verwendet, das in Kaliumnitratlösung getränkt wurde, silbrig wird es durch Titanstaub. Ein einzelner Kugelstern kann aus mehreren Schichten aufgebaut sein und so in wechselnden Farben abbrennen.

Vorsicht!
In Deutschland frei verkäufliche Silvesterraketen dürfen aus Sicherheitsgründen jeweils nur zehn Gramm Treibsatz und Effektladung enthalten. Aus anderen Ländern importierte Raketen enthalten häufig deutlich mehr Schwarzpulver und führen oft zu schweren Verletzungen. Also nur zugelassenes Feuerwerk verwenden und auch kein eigenes Feuerwerk basteln! Professionelle Pyrotechniker haben eine spezielle Ausbildung und dürfen auch stärkere Ladungen verwenden.

Heulen und Pfeifen

Manche Raketen steigen heulend oder schrill pfeifend auf. Dabei sind aber keine kleinen Pfeifen eingebaut. Stattdessen ist der Treibsatz aus hauchdünnen, sich abwechselnden Schichten aufgebaut, die unterschiedlich schnell abbrennen. Die Verbrennungsgase werden also nicht gleichmäßig, sondern pulsierend ausgestoßen. Die erzeugten Schwingungen der Luft nehmen wir als Pfeifen oder Heulen wahr.

Moderne Raketen verwenden meist Flüssigtreibstoffe, etwa flüssigen Wasserstoff und flüssigen Sauerstoff. Aber die seitlich angebrachten Booster sind Feststoffraketen. Sie geben der schweren Rakete die nötige Kraft, um die Erdanziehung zu überwinden.

Der Handel mit den Elektronen

Du hast gesehen, dass Reduktion und Oxidation zusammengehören. Dabei wechselt der Sauerstoff lediglich seinen Bindungspartner.
Was ist mit all den anderen Reaktionen, bei denen kein Sauerstoff beteiligt ist, die aber oft ähnlich heftig wie Verbrennungsreaktionen mit Sauerstoff ablaufen?

Sauerstoff, Chlor und Brom

Sehen wir uns das Magnesium an, ein Erdalkalimetall der zweiten Hauptgruppe. Endzündet man Magnesiumband oder Pulver an Luft oder in reinem Sauerstoffgas, so verbrennt es zu Magnesiumoxid, eine exotherme Reaktion, bei der viel Licht und Wärme frei wird. Zweifelsohne ist diese Reaktion eine Oxidation, es entsteht ja auch Magnesiumoxid:
$2\ Mg + O_2 \rightarrow 2\ MgO$
Magnesium reagiert auch mit Chlorgas sehr heftig. Das Magnesium verbrennt wieder unter Wärme- und Lichtfreisetzung – diesmal zu Magnesiumchlorid:
$Mg + Cl_2 \rightarrow MgCl_2$
Auch mit dem flüssigen, bräunlich dampfenden Brom verläuft es ähnlich. Das verwundert nicht, denn Brom ist wie Chlor ein Halogen. Es entsteht Magnesiumbromid:
$Mg + Br_2 \rightarrow MgBr_2$
Und wir könnten noch sehr viel mehr Beispiele anführen. Was verbindet all diese Reaktionen?

Der scharfe Blick

Um herauszufinden, was diese Reaktionen gemeinsam haben, müssen wir die Valenzelektronen betrachten und was mit ihnen bei der Reaktion geschieht. Aus der Stellung im Periodensystem wissen wir, dass das Erdalkalimetall Magnesium sehr gerne zwei Elektronen abgeben möchte, und zwar an einen Partner, der diese Elektronen aufnimmt. Und das kann ein Sauerstoffatom sein, dem zwei Elektronen zur vollständig gefüllten äußeren Schale fehlen. Genauso gut können zwei Chloratome je eines der beiden Elektronen aufnehmen – oder eben zwei Bromatome.

Redoxreaktionen

Diese drei Reaktionen haben eines gemeinsam: Ein Reaktionspartner gibt Elektronen ab, der andere nimmt Elektronen auf. Wir verallgemeinern nun den Begriff der Oxidation. Der Reaktionspartner, der die Elektronen abgibt, wird oxidiert, so sagen wir. Der Reaktionspartner, der sie aufnimmt, wird reduziert. Ersterer ist das Reduktionsmittel, weil er dafür sorgt, dass der andere Partner reduziert wird; im Fall der Reaktion mit Chlor ist Magnesium das Reduktionsmittel. Chlor ist in dieser Reaktion das Oxidationsmittel, denn es sorgt dafür, dass das Magnesium oxidiert wird. Reduktion und

Magnesium reagiert mit Sauerstoff (1) und Chlor (2). Im ersten Fall ist Magnesium das Reduktionsmittel und Sauerstoff das Oxidationsmittel. Im zweiten Fall ist Chlor das Oxidationsmittel. Beide Reaktionen sind Redoxreaktionen, bei denen Elektronen den Partner wechseln.

1

2

Oxidation, Geben und Nehmen von Elektronen gibt es nur im Doppelpack. Deshalb spricht man auch von Reduktions-Oxidations-Reaktionen oder kurz Redoxreaktionen.

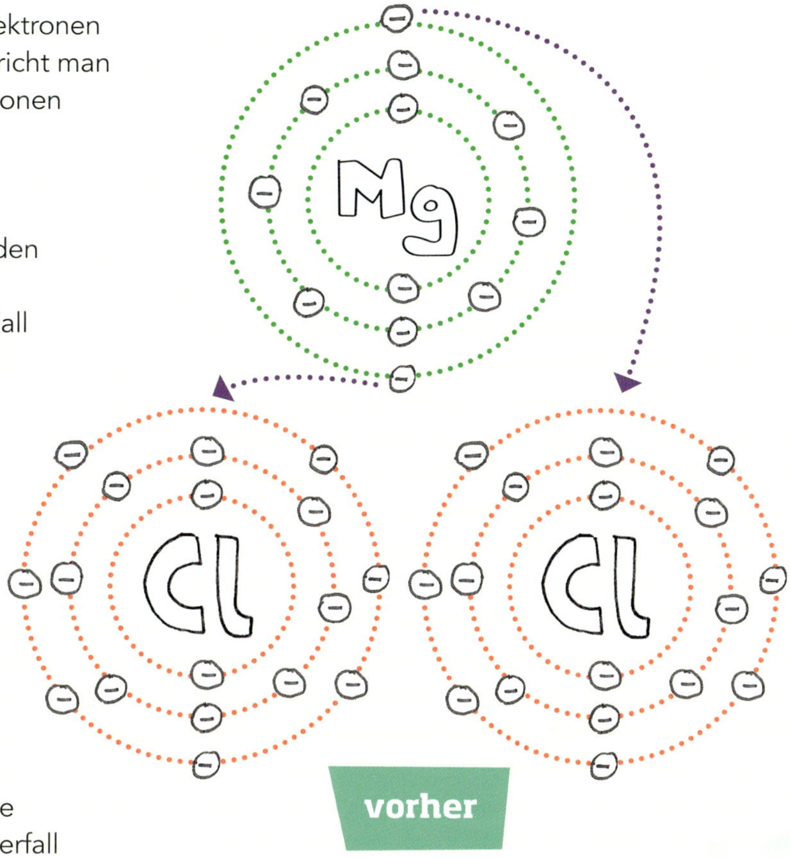

Teilreaktionen

Man kann die Redoxreaktion in die beiden Halbreaktionen aufteilen, wobei wir die Elektronen »e^-« im Auge behalten. Im Fall der Reaktion von Magnesium mit Chlor sieht das so aus:

$Mg \rightarrow Mg^{2+} + 2\ e^-$ (Oxidation)

$Cl_2 + 2\ e^- \rightarrow 2\ Cl^-$ (Reduktion)

Bei der Verbrennung von Magnesium in Sauerstoff sehen die Teilreaktionen ganz ähnlich aus:

$2\ Mg \rightarrow 2\ Mg^{2+} + 4\ e^-$ (Oxidation)

$O_2 + 4\ e^- \rightarrow 2\ O^{2-}$ (Reduktion)

So wird deutlich, dass es bei der Oxidation und Reduktion nur auf das Abgeben und Aufnehmen von Elektronen ankommt. Du siehst also: Die Reaktion mit Sauerstoff ist nur ein Sonderfall einer Redoxreaktion.

Chemie im Wandel

Der moderne Redoxbegriff erklärt einen Großteil der chemischen Reaktionen und ist also viel allgemeiner als die historische Sicht, bei der es nur darum ging, dass Sauerstoff den Reaktionspartner wechselt. Das Prinzip der Redoxreaktion als Elektronentransfer war natürlich erst möglich, nachdem 1898 das Elektron entdeckt und in den Jahrzehnten danach der Aufbau der Atome entschlüsselt wurde. Du siehst also: Naturwissenschaftliche Theorien unterliegen einem Wandel.

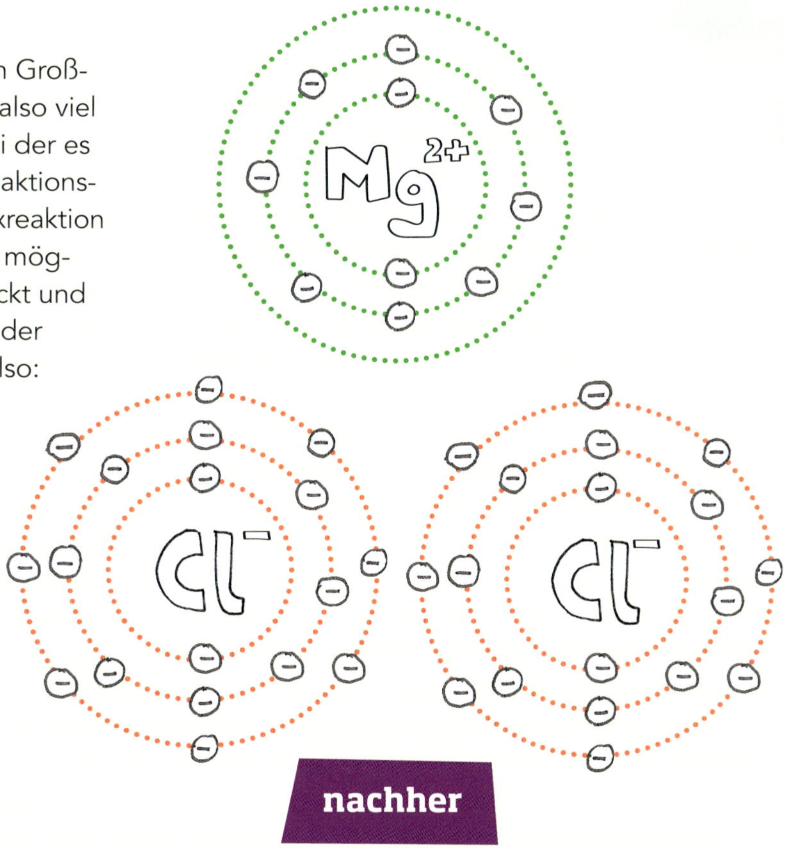

Eine Redoxreaktion ohne Sauerstoff. Das Magnesiumatom gibt seine zwei Valenzelektronen ab und ist somit Reduktionsmittel. Jedes der beiden Chloratome bekommt ein Elektron und wird dabei reduziert. Nun sind alle zufrieden.

Von edlen und unedlen Metallen

Was heißt denn hier edel? Wir kennen Gold als sehr beständiges Metall. Man kann Goldmünzen aufbewahren, ohne dass sie etwa mit Luft oder Wasser reagieren. Gold ist ein Edelmetall. Ebenfalls ein Edelmetall ist Silber, aber Silberlöffel laufen dunkel an, wenn sie mit schwefelhaltigen Substanzen in Berührung kommen. Deshalb gilt: Niemals das Frühstücksei mit einem Silberlöffel löffeln. Ganz offensichtlich ist Silber weniger edel als Gold. Ganz schlimm ist es um Eisen bestellt, es ist so unedel, dass es an Luft und Gegenwart von Feuchtigkeit rostet.

Wer ist hier edler?

Man kann nun die Metalle in eine Reihe stellen, wobei die unedlen Metalle links und die edleren Metalle rechts stehen. Man nennt diese Reihe die Redoxreihe der Metalle. Alle Metalle können prinzipiell Elektronen abgeben und zum entsprechenden Kation werden – sie können also oxidiert werden. Je weiter links das Metall in der Redoxreihe steht, umso leichter wird es oxidiert. Die Metallkationen wiederum können Elektronen aufnehmen und werden dabei zum entsprechenden elementaren Metall reduziert. Je weiter rechts die Kationen stehen, umso leichter werden sie reduziert. In unserer kleinen Auswahl an Metallen steht ganz links das unedle und hochreaktive Lithium und ganz rechts das Edelmetall Gold.

Redoxreihe

In der Redoxreihe können grundsätzlich alle Elemente stehen, also auch die Nichtmetalle. Wir aber beschränken uns auf einige wenige Metalle. Darunter steht die jeweils oxidierte Form, nachdem also die Metalle ihre Elektronen abgegeben haben.

Die Redoxreihe für einige wichtige Metalle. Links stehen die unedlen, rechts die edleren Metalle. Darunter stehen jeweils die Kationen, die entstehen, wenn dem Metall ein oder mehrere Elektronen entrissen wurden. Übrigens: Bei den Übergangsmetallen kann ein Element verschiedene Oxidationsstufen annehmen, zum Beispiel Fe^{2+} und Fe^{3+} oder Cu^{+} und Cu^{2+}.

Li	Ca	Na	Mg	Al	Zn	Fe
Li^{+}	Ca^{2}	Na^{+}	Mg^{2+}	Al^{3+}	Zn^{2+}	Fe^{2+}

Eisenmetall in blauer Kupfersulfat-Lösung. Das unedlere Eisen gibt Elektronen ab und die Cu^{2+}-Ionen des edleren Kupfers nehmen diese Elektronen auf. Das Eisen geht in Lösung, und rötlich-braunes metallisches Kupfer scheidet sich auf dem Eisenblech ab.

Eisen und Kupfer

Wie du inzwischen weißt, gehören zu einer Redoxreaktion immer zwei Partner: einer, der die Elektronen abgibt, und einer, der sie aufnimmt. Wo die beiden Partner in der Redoxreihe stehen, entscheidet, wer von beiden oxidiert oder reduziert wird.

Gibt man einen Eisennagel in wässrige Kupfersulfatlösung, so scheidet sich auf dem Nagel ein bräunlicher Kupferbelag ab. Die blaue Lösung verliert an Intensität. Klar, immer mehr Cu^{2+}-Ionen werden reduziert. Am Ende ist die Lösung grün gefärbt, das ist die Farbe der Fe^{2+}-Ionen. Die zwei Teilreaktionen lassen sich ganz einfach schreiben:

$Fe \rightarrow Fe^{2+} + 2\ e^-$ (Oxidation)

$Cu^{2+} + 2\ e^- \rightarrow Cu$ (Reduktion)

Die Gesamtreaktion lautet:

$Fe + Cu^{2+} \rightarrow Fe^{2+} + Cu$

Korrosionsschutz

Eisen ist ein wichtiger Werkstoff, aus dem Fahrzeuge, Brücken, Gebäude und vieles andere besteht. Leider ist Eisen ein unedles Metall und rostet nur allzu leicht. Was kann man gegen diese Korrosion tun?

Das Eisen von Pipelines und die Schiffsrümpfe schützt man vor Korrosion, indem man sogenannte Opferanoden aus Zink anbringt. Nun geht das unedlere Zink in Form von Zn^{2+}-Ionen in Lösung, und die Eisenrohre und Bootsrümpfe aus Eisen bleiben von der Korrosion verschont.

Dein Fahrradrahmen braucht keine Opferanoden. Die Lackierung hält Wasser und Sauerstoff fern und verhindert, dass der Rahmen rostet. Andere Eisenteile, wie Radkappen oder Auspuffrohre von Autos werden mit einer Chromschicht umgeben. Das Chrom wiederum schützt sich selbst, indem es eine sehr dünne zusammenhängende Chromoxidschicht ausbildet, die für Wasser und Luftsauerstoff undurchdringlich ist.

Eine solche dünne Schutzschicht ist auch der Grund, warum Aluminium immer glänzt, obwohl es unedler ist als Eisen. Eine hauchdünne, extrem dichte Al_2O_3-Schicht umgibt das Metall und hält alles fern, was dem Aluminium gerne die Elektronen entreißen könnte.

Pb	Cu	Ag	Hg	Pt	Au
Pb^{2+}	Cu^{2+}	Ag^{+}	Hg^{2+}	Pt^{2+}	Au^{3+}

Jetzt wird's elektrisch!

Bei Redoxreaktionen geht es immer darum, dass ein Reaktionspartner Elektronen abgibt und ein anderer diese aufnimmt. Das geht bei chemischen Reaktionen meist direkt von einem Atom auf das andere. Man kann aber die Elektronen über einen Kupferdraht zum Reaktionspartner schicken – das wird dann besonders spannend!

Das Prinzip Batterie

Praktisch sieht das so aus: Wir nehmen ein Becherglas und tauchen darin einen Zinkstab (Zn) in eine Zinksulfatlösung ($ZnSO_4$). Wir haben hier Zink sowohl in seiner reduzierten elementaren Form (Zn), als auch in seiner oxidierten Form vorliegen, nämlich als Zn^{2+}-Ionen.
Das Gleiche machen wir nun mit Kupfer. Also ein Kupferstab (Cu) wird in eine Kupfersulfatlösung ($CuSO_4$) getaucht. Auch hier liegt Kupfer in der oxidierten Form (Cu^{2+}) und in seiner reduzierten Form, nämlich als elementares Kupfer (Cu) vor.

Jetzt verbinden wir den Zinkstab mit dem Kupferstab mit einem guten elektrischen Leiter – üblicherweise ist das Kupferdraht. Was passiert nun? Ein Zink-Atom geht als Zn^{2+}-Ion in Lösung und hinterlässt im Zinkstab zwei Elektronen. Der Zinkstab wird so zum elektrisch negativ geladenen Pol der Batterie, dem Minuspol.
Beim edleren Kupferstab passiert das Gegenteil. Ein Cu^{2+}-Ion in der Lösung hat Kontakt mit dem metallischen Kupfer, schnappt sich zwei Elektronen und wird zu elementarem Kupfer. Der Kupferstab ist der Pluspol der Batterie.

Ladungsausgleich muss sein

Stopp, Moment, Halt! Es kann noch gar kein Strom fließen. Das Problem: Je mehr Zink in Lösung geht, umso mehr lädt sich die Lösung elektrisch positiv auf. Ähnliches passiert im Becherglas mit dem Kupferstab. Je mehr Cu^{2+} sich als elementares Cu abscheidet, umso mehr wird die Lösung durch die zurückgebliebenen

Das sogenannte Daniell-Element besteht aus einer Kupfer- und einer Zinkteilzelle. Die beiden Teilzellen werden über eine Strombrücke miteinander verbunden. Nun können die Elektronen über eine elektrische Verbindung vom unedleren Metall zum edleren fließen. Die Ionen in der Strombrücke verhindern, dass sich die Teilzellen aufladen.

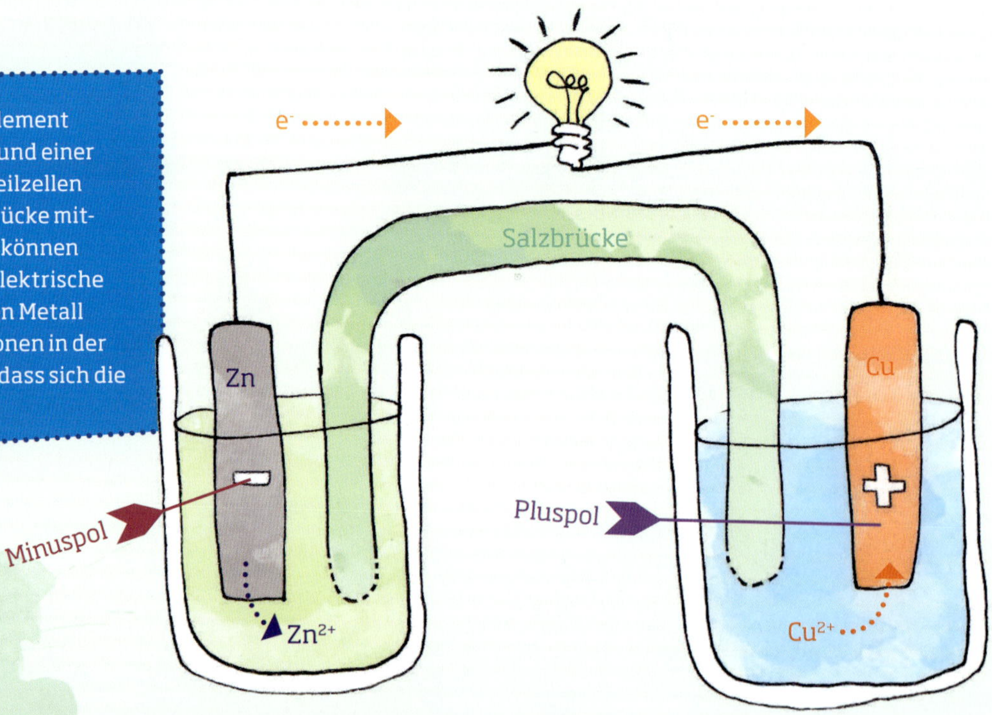

Anstelle einer Salzbrücke kann man auch die zwei Halbzellen – Zinkhalbzelle und Kupferhalbzelle – durch eine poröse Wand voneinander trennen. Eine Membran ist weniger empfindlich gegen Erschütterungen und findet sich so auch in Batterien.

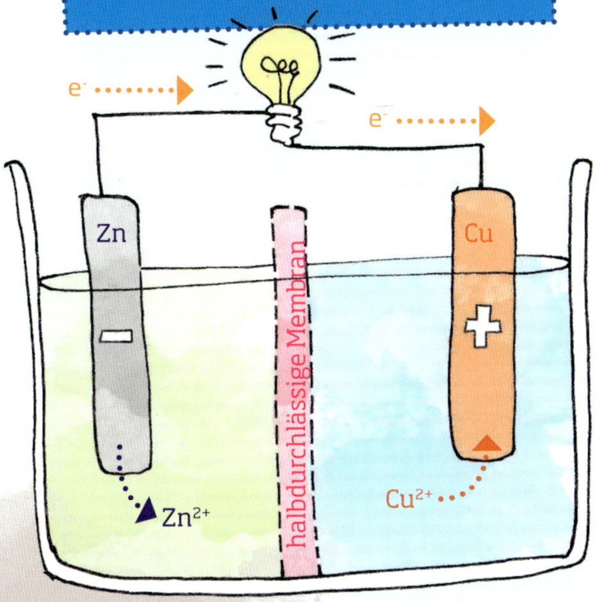

Sulfationen (SO_4^{2-}) elektrisch negativ aufgeladen. Wir müssen dafür sorgen, dass Ionen zwischen den beiden Bechergläsern wandern können und so die Ladungen ausgeglichen werden. Dazu kann man ein u-förmiges Glasrohr verwenden, das mit einem Elektrolyten gefüllt ist, etwa mit einer wässrigen Lösung aus Kaliumchlorid oder Kaliumnitrat. Man kann auch die beiden Halbzellen durch eine halbdurchlässige Membran voneinander trennen. Das kann eine poröse Tonwand sein oder eine hauchdünne Kunststofffolie, die mit winzigen Kanälen durchsetzt ist. Durch die Poren beziehungsweise Kanäle können zum Beispiel H^+-Ionen hindurchwandern und verhindern, dass sich die Teilzellen aufladen und den Stromfluss durch den Draht verhindern.

Zellen und Batterien

Genau genommen handelt es sich um eine sogenannte Galvanische Zelle, die aus zwei Teilzellen (Redox!) besteht. Packt man mehrere solcher Zellen in Reihe, verbindet man also den Pluspol mit dem Minuspol der nächsten Zelle, so lässt sich die Spannung erhöhen.
Es gibt eine ganze Reihe von unterschiedlichen Redoxreaktionen, mit denen sich Zellen und Batterien realisieren lassen. Bei manchen läuft die Reaktion nur einmal ab und die Chemikalien verbrauchen sich, so wie in unserer Kupfer-Zink-Zelle. Diese Batterien kann man nicht wiederaufladen. Bei Akkus hingegen lassen sich durch eine Stromquelle die Reaktionen umkehren und die Chemikalien in den Zellen bilden sich zurück. Akkus lassen sich so viele Male wiederaufladen.

Zitronenbatterie

Eine einfache Batterie kannst du ganz schnell basteln, indem du zwei unterschiedliche Metalle, etwa Kupfer und Zink in eine Zitrone steckst. Am besten nimmst du Kupferdraht und verzinkte Nägel oder eine verzinkte Beilagscheibe. Das reaktivere Metall Zink wird zum Minuspol, das edlere Kupfer zum Pluspol. Die Metalle dienen als Elektroden und der Saft der Zitrone als Elektrolyt. Kartoffeln oder Äpfel funktionieren auch. Wenn du eine höhere Spannung haben willst, schaltest du einfach mehrere Zitronenbatterien in Reihe. Dazu verbindest du die Kupferelektrode der ersten mit der Zinkelektrode der zweiten Zitrone und so weiter. Wegen der Metallionen die Zitrone nach dem Experiment auf keinen Fall essen!

Elektrolyse

Wenn Wasserstoff und Sauerstoff miteinander zu Wasser reagieren, dann wird dabei Energie frei. Es müsste doch einen Weg geben, die Reaktion umzukehren und aus Wasser die Elemente Wasserstoff und Sauerstoff zu gewinnen. Klar, man müsste dazu Energie aufwenden, am besten elektrische Energie.

Wasserzersetzung

Wasser besteht nicht nur aus H_2O-Molekülen. Eine geringe Anzahl der Moleküle zerfällt in H^+-Ionen und OH^--Ionen. Es ist eine Gleichgewichtsreaktion, die allerdings sehr weit auf der linken Seite liegt:

$H_2O \rightleftharpoons H^+ + OH^-$

Wegen dieser Ionen ist Wasser geringfügig elektrisch leitend. Die Leitfähigkeit von Wasser erhöht sich, wenn man weitere Ionen hinzufügt, etwa in Form von etwas Schwefelsäure (H_2SO_4). Nun tauchen wir zwei Platinelektroden in das angesäuerte Wasser und legen eine Gleichspannung an. Schon bald steigen an beiden Elektroden Gasbläschen auf. Was ist geschehen? Die H^+-Ionen wandern zum Minuspol (Kathode) und schnappen sich dort Elektronen, die entstandenen H-Atome verbinden sich zu H_2-Molekülen und steigen als Wasserstoffgas auf:

$2\,H^+ + 2e^- \rightarrow H_2$

Die OH^--Ionen hingegen wandern zum Pluspol (Anode) und geben Elektronen ab. Hier steigen Sauerstoffbläschen auf:

$2\,OH^- \rightarrow O_2 + 2H^+ + 2\,e^-$

Laufend werden über die oben beschriebene Gleichgewichtsreaktion neue H^+- und OH^--Ionen nachgeliefert.

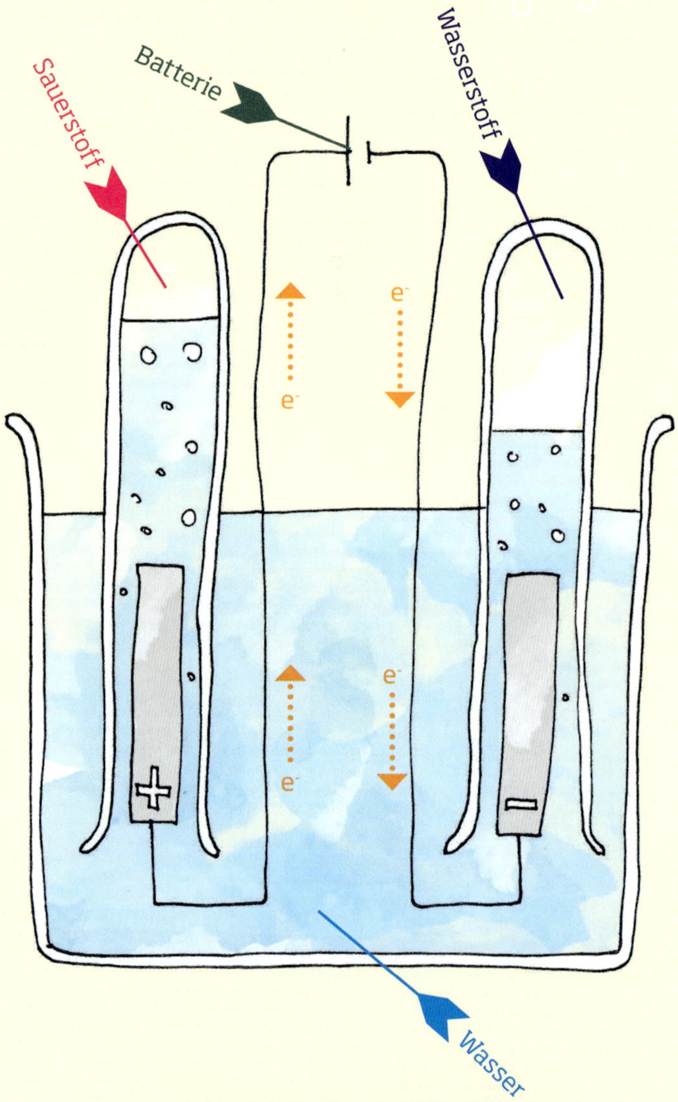

Im Labor kann man Wasser mit Hilfe von elektrischem Strom in die Elemente Wasserstoff und Sauerstoff zerlegen. Dieses Experiment zeigt, dass Wasser eine Verbindung zweier Elemente ist.

Man nennt ein Zerlegen von Verbindungen mit elektrischem Strom Elektrolyse. Bei der Elektrolyse von Wasser entstehen Wasserstoff und Sauerstoff im Volumenverhältnis 2:1. Es ist das Verhältnis der Atome im H_2O-Molekül.

Energiespeicher Wasserstoff

Man könnte nun die beiden Gase – Wasserstoff und Sauerstoff – mischen und entzünden und so die Energie freisetzen. Mit Wasserstoffgas könnte man also Verbrennungsmotoren betreiben.
Man könnte aber den Wasserstoff auch dazu verwenden, die Elektrolyse rückwärts laufen zu lassen und so Strom zu erzeugen. Diese umgekehrte Elektrolyse erfolgt in der Brennstoffzelle.

Teurer als Gold!

Bevor in den 1880er-Jahren die Elektrolyse erfunden wurde, war Aluminium teurer als Gold. Superreiche Menschen zeigten damals ihren Wohlstand, indem sie mit Besteck aus Aluminium aßen. Heute ist das leichte Metall weit verbreitet und wird zum Beispiel im Flugzeug- und Fahrzeugbau verwendet. Vielleicht findest du an deinem Fahrrad Felgen oder andere Teile aus Aluminium.

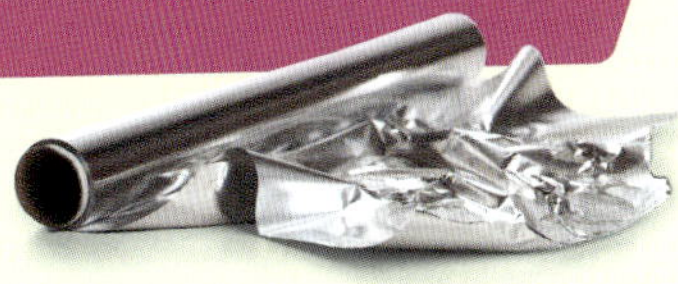

Aluminiumherstellung

Aluminium wird aus seinen sauerstoffhaltigen Erzen Bauxit oder Tonerde gewonnen. Allerdings ist dies nicht so einfach möglich wie beim Eisen, das mit Kohlenstoff im Hochofen reduziert wird. Aluminium ist sehr viel reaktiver als Eisen und es fehlen geeignete Reduktionsmittel. Deshalb erfolgt die Reduktion ähnlich wie bei der Zersetzung von Wasser mit elektrischem Strom, also elektrolytisch. Um frei bewegliche Al^{3+}-Ionen und O^{2-}-Ionen zu erhalten, wird zum Beispiel Tonerde (Al_2O_3) in einer flüssigen Schmelze von über 1 000 Grad Celsius heißem Kryolith aufgelöst. Kryolith ist eine Verbindung aus Natrium, Aluminium und Fluor. Du kannst dir vorstellen, dass das Schmelzen, wie auch der elektrische Strom für die eigentliche Elektrolyse, sehr viel Energie erfordert. Die Wiederverwertung von Aluminiumschrott hingegen benötigt nur ein Zwanzigstel dieser Energie. Deshalb ist es wichtig, Aluminium, wie auch andere Metalle, wiederzuverwerten.

Aluminium wird industriell durch Elektrolyse gewonnen. Dazu ist eine Stahlwanne mit Grafit ausgekleidet. Die Wanne bildet die negativ geladene Kathode, an der sich geschmolzenes Aluminium absetzt. Weitere Grafitblöcke bilden die positiv geladene Anode. Dort entweicht Sauerstoff in Form von Gasblasen.

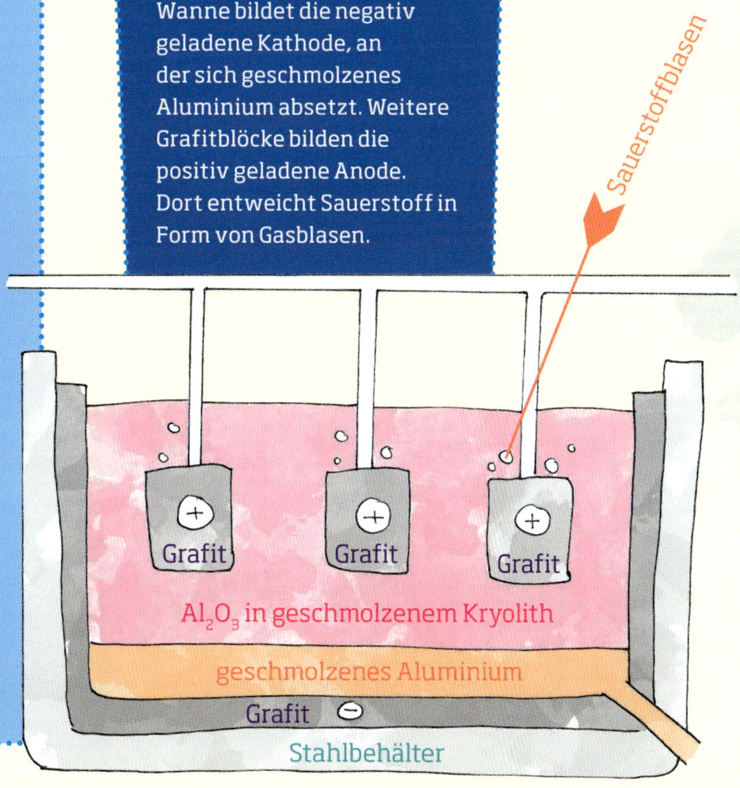

Mit Wasserstoff in die Zukunft

Wir haben gesehen, dass Wasser sich mit elektrischem Strom in Wasserstoff und Sauerstoff zerlegen lässt. Umgekehrt ist es möglich, in sogenannten Brennstoffzellen Wasserstoff und Sauerstoff kontrolliert zur Reaktion zu bringen und so direkt elektrischen Strom zu erzeugen.

Die Knallgaszelle

In Brennstoffzellen werden die zu oxidierenden Stoffe, die Brennstoffe, kontinuierlich von außen zugeführt – das sind meist Methanol oder Wasserstoff. Besonders einfach sind die Vorgänge bei der Wasserstoff-Sauerstoff-Brennstoffzelle zu verstehen. Weil im Prinzip die Knallgasreaktion auf kontrollierte Weise abläuft, kann man sie auch Knallgaszelle nennen: Der

Knallgasreaktion ganz leise

Brennstoffzellen haben zwei Elektroden, die über einen elektrisch leitenden Elektrolyten in Verbindung stehen. In einer Teilzelle wird der Wasserstoff oxidiert, das heißt, er gibt Elektronen ab, die in der anderen Teilzelle den Luftsauerstoff reduzieren. So entsteht aus Wasserstoff aus einem Hochdrucktank und dem Sauerstoff der Luft harmloses Wasser. Die gleiche Reaktion wie bei der Knallgasreaktion, doch alles ohne Flamme und ohne Knall. Das Reaktionsprodukt Wasserdampf wird über den Auspuff abgegeben. Dabei wird auch etwas Wärme frei, mit der man heizen kann.

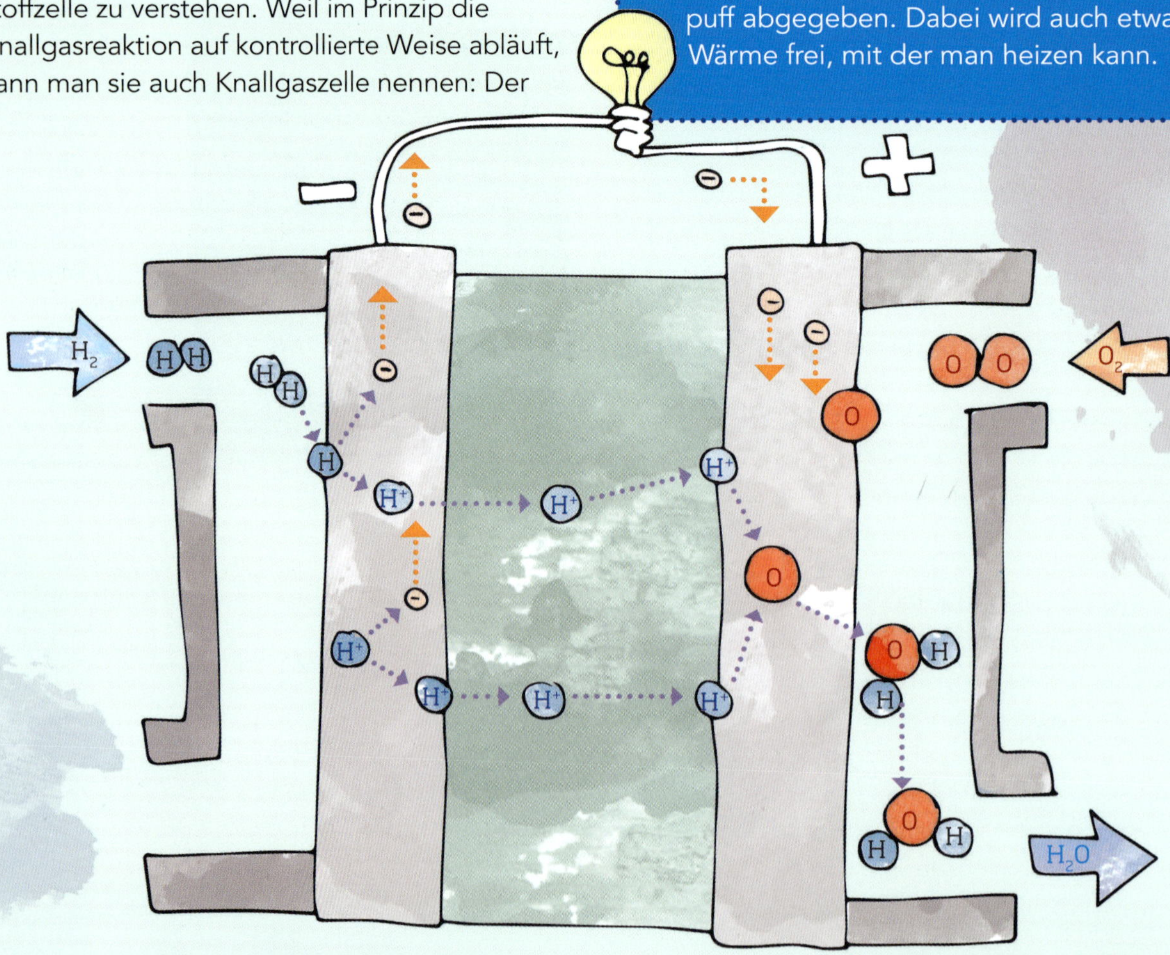

$H_2 \rightarrow 2H^+ + 2e^-$

$1/2\ O_2 + 2H^+ + 2e^- \rightarrow H_2O$

Was kann ich tun?

Das Klimaproblem geht alle an – Politikerinnen, Unternehmer, Wissenschaftlerinnen und auch dich. Jeder Einzelne kann dafür sorgen, dass weniger Kohlendioxid in die Atmosphäre gerät, indem er Energie und Rohstoffe einspart. Sicher fallen dir jede Menge Dinge dazu ein.

molekulare Wasserstoff gibt seine Elektronen an eine Platinelektrode ab und wird selbst zu H^+-Ionen oxidiert. Die Elektronen fließen über einen Kupferdraht zu einer weiteren Platinelektrode, die mit Sauerstoff beziehungsweise Luft umspült ist. Hier erfolgt die Reduktion zu O^{2-}-Ionen. Die H^+-Ionen wandern durch die Membran, die die beiden Teilzellen trennt, und verbinden sich mit den O^{2-}-Ionen zu H_2O-Molekülen, also zu Wasser. Den über den Draht fließenden Strom kann man nutzen, um elektrische Geräte zu betreiben, etwa Leuchtdioden oder einen Elektromotor. Diese Brennstoffzellen gehören, wie Batterien oder Akkus, zu den elektrochemischen Zellen, die chemische Energie in elektrische Energie umwandeln.

Das CO_2-Problem

Ein großes Problem ist der Klimawandel, der vor allem durch von uns Menschen freigesetztes Kohlendioxid hervorgerufen wird. In Verbrennungsmotoren, in Gebäudeheizungen wie auch in industriellen Herstellungsprozessen werden fossile Energieträger verwendet. Das dabei entstehende Treibhausgas Kohlendioxid reichert sich in unserer Atmosphäre an und führt zu einer globalen Erwärmung. Bei der Verbrennung von Wasserstoff in einem Verbrennungsmotor oder in der Brennstoffzelle entsteht kein Kohlendioxid, sondern ausschließlich unschädliches Wasser. Anstatt weiter Kohle, Erdöl und Erdgas zu verbrennen, könnte also Wasserstoff dazu beitragen, das Klimaproblem zu lösen. Allerdings ist Wasserstoff mehr ein Energiespeicher als eine Energiequelle. Die elektrische Energie für die Elektrolyse muss aus regenerativen Energiequellen stammen. Das sind Solarenergie, Wasserkraft, Windenergie und Biomasse. Letztendlich gehen all diese regenerativen Energiequellen auf die Sonne zurück. Sie versorgt uns mit Licht und Wärme, treibt den Wasserkreislauf und die Winde an und lässt Pflanzen wachsen. Wasserstoff, der mit Sonnenenergie hergestellt wird, könnte auch bei der Eisenherstellung als Reduktionsmittel verwendet werden. Außerdem müssen auch andere energieintensive industrielle Herstellungsverfahren durch neue energiesparende Verfahren ersetzt werden. Das Schöne daran ist, dass die Natur im Laufe der Evolution bereits Entwicklungsarbeit geleistet hat. Ein Beispiel: Das Haber-Bosch-Verfahren wird benutzt, um aus dem Luftstickstoff N_2 und Wasserstoff H_2 Ammoniak NH_3 herzustellen – ein industrielles Verfahren, das viel Energie benötigt. In der Natur schaffen es winzige Bakterien, die als Knöllchen in den Wurzeln von Klee sitzen, den Stickstoff bei Raumtemperatur mit Biokatalysatoren aufzubrechen.

Der Rohstoff CO_2

Und noch eine große Aufgabe wartet auf uns. Wir müssen das bereits in die Atmosphäre gelangte CO_2 wieder einfangen und sicher verwahren. Wir könnten es sogar als Rohstoff verwenden, um daraus Kraftstoffe oder Kunststoffe und andere Dinge herzustellen. Erste Versuche dazu laufen bereits.

Alles auf einen Blick

Gratuliere! Du hast es geschafft und weißt nun einige wichtige Dinge über chemische Reaktionen, wie sie verlaufen und welche Bedeutung Elektronen in der Chemie spielen. Mit diesen leichten geladenen Teilchen verdienen Chemikerinnen ihr Geld. Genau genommen sind es nur die äußersten Elektronen der Atome, die Valenzelektronen. Unser ganzer Alltag ist durchdrungen von Chemie. Ohne Chemie gäbe es die meisten Dinge nicht – kein Fahrrad, kein Feuerwerk und uns selbst auch nicht. Natürlich haben wir nur einen kleinen Teil der Chemie angesprochen – aber das war schon jede Menge.

Innig verbunden

Du kennst die drei Hauptbindungsarten: Ionenbindung, Atombindung und metallische Bindung. Diese Bindungen lassen sich mit der Oktettregel erklären bzw. dem Bestreben der Atome, eine stabile Edelgaskonfiguration zu bekommen. Ferner kennst du die Bedeutung der schwächeren zwischenmolekularen Bindungen. Denk an den Gecko!

Also, Zustände sind das!

Für gewöhnlich liegt die Materie in den drei klassischen Aggregatzuständen vor: fest, flüssig und gasförmig. Der Chemiker unterscheidet Stoffgemische und Reinstoffe. Letztere unterteilt er weiter in chemische Verbindungen und Elemente.

Atommodelle

Das Schalenmodell und besser noch das Orbitalmodell eignen sich dafür, die chemischen Eigenschaften einer Elementgruppe zu erklären. Dabei kommt es auf die Zahl der Außen- oder Valenzelektronen an.

So viele Elemente!

Wir kennen heute 118 chemische Elemente, das sind die Bausteine, mit denen Chemiker arbeiten. Jedes Element hat seinen festen Platz im Periodensystem. Elemente können in verschiedenen allotropen Formen auftreten. So sind Diamant und Grafit zwei allotrope Formen des Kohlenstoffs.

Ordnung muss sein!

Elemente bestehen aus einer Atomsorte, die sich durch die Zahl der Protonen im Kern und damit der Elektronen in der Hülle auszeichnen. Die Zahl der Protonen ist zugleich die Ordnungszahl im Periodensystem der chemischen Elemente.

Energie – rein und raus

Du weißt, wie man eine chemische Reaktionsgleichung schreibt und dass keine Atome verloren gehen. Allerdings findet ein Energieaustausch mit der Umgebung statt. Chemische Reaktionen werden in exotherme und endotherme Reaktionen unterteilt.

Spannend!

Die Spannungsreihe sagt uns, wie edel ein Element ist. Unedle Metalle geben leichter Elektronen ab, lassen sich also leicht oxidieren. Man kann zwei unterschiedliche Metalle so kombinieren, dass man daraus eine Batterie bauen und chemische Energie in elektrische Energie umwandeln kann.

Katalysator-Trick

Du weißt auch, dass chemische Reaktionen erst dann ablaufen, wenn die Aktivierungsenergie überwunden ist. Die Aktivierungsenergie lässt sich einfach mit dem Kollisionsmodell erklären. Manchmal ist die Aktivierungsenergie so hoch, dass man Katalysatoren einsetzt, um sie abzusenken – in der Industrie, im Auto und in jeder deiner Körperzellen.

Redox mit Elektronen

Oxidation und Reduktion müssen nicht zwingendermaßen mit Sauerstoff zu tun haben. Beim modernen Redoxbegriff geht es um den Übergang von Elektronen. Wird etwas oxidiert, so verliert es Elektronen. Wird etwas reduziert, so kommen Elektronen hinzu.

H_2 aus Strom

Umgekehrt kann man durch Elektrolyse, also mit elektrischem Strom, Wasser zerlegen und Wasserstoff erzeugen. Den Wasserstoff wiederum kann man nutzen, um in einer Brennstoffzelle Strom zu erzeugen.

Woher kommt das Eisen?

Eines der wichtigsten Metalle im Alltag ist Eisen, das durch Reduktion von Eisenerzen im Hochofen hergestellt wird. Reduktionsmittel ist Kohlenstoff, der sich dabei leider in klimaschädliches Kohlendioxid umwandelt.

Zukunft Wasserstoff

Das Verbrennen von Kohle, Erdöl und Erdgas setzt das schädliche Treibhausgas Kohlendioxid frei. Die Chemie kann zur Lösung des Klimaproblems beitragen, indem sie neue Industrieprozesse und Alternativen für fossile Energieträger entwickeln hilft. Wasserstoff, der über erneuerbare Energie hergestellt wurde, könnte in Zukunft ein wichtiger Energiespeicher werden.

Aggregatzustand: Ein Stoff kann üblicherweise fest, flüssig oder gasförmig sein.

Aktivierungsenergie: Energie, die zur Erreichung eines Übergangszustandes einer chemischen Reaktion aufgewendet werden muss.

Allotropie: Auftreten eines Elements in verschiedenen Formen.

Anion: Negativ geladenes Atom oder Molekül.

Atom: Die kleinste Einheit eines chemischen Elements.

Atombindung: Siehe kovalente Bindung.

Atomorbital: Elektronenwolke eines Atoms.

Atomzahl: Ordnungszahl. Zahl der Protonen eines Atomkerns.

Avogadro-Zahl: Zahl der Atome/Moleküle eines Mols. $6{,}02*10^{23}$.

Brennstoffzelle: In einer Brennstoffzelle laufen chemische Reaktionen so ab, dass die chemische Energie direkt in elektrische Energie umgewandelt wird.

Chemische Formel: Kurzschreibweise für chemische Verbindungen, wobei die Elementsymbole verwendet werden.

Chemische Reaktion: Stoffumwandlung, die von Energieumwandlungen begleitet werden.

Chemisches Element: Reinstoff, der sich nicht weiter zerlegen lässt.

Dichte: Masse pro Volumeneinheit, gemessen in g/cm^3.

Dipol: Nach außen neutrales Teilchen, in dem die positiven und negativen Ladungsschwerpunkte nicht zusammenfallen.

Dipol-Dipol-Bindung: Zwischenmolekulare Bindung, bei der sich Dipole anziehen.

Edelgasregel, Oktettregel: Regel für die 2. und 3. Periode, wonach eine mit acht Elektronen vollbesetzte Außenschale besonders stabil ist. Edelgase besitzen eine solche günstige Elektronenkonfiguration.

Edukt: Ausgangsstoff einer chemischen Reaktion.

Elektrolyse: Zerlegung von Substanzen mit Hilfe elektrischen Stroms.

Elektronegativität, EN: Maßzahl für das Bestreben der Atome, in einer Atombindung Elektronen zu sich zu ziehen.

endotherme Reaktion: Chemische Reaktion, die nur abläuft, wenn Energie aus der Umgebung aufgenommen wird.

Energie: Die Fähigkeit eines Systems, Arbeit zu verrichten.

Enzym: Biokatalysator.

Erz: Mineral, aus dem Metalle gewonnen werden können.

exotherme Reaktion: Chemische Reaktion, bei der Energie meist in Form von Wärme an die Umgebung angegeben wird.

fossile Rohstoffe: Rohstoffe und Energieträger, die sich durch natürliche Prozesse aus Pflanzen oder tierischen Überresten gebildet haben: Kohle, Erdöl und Erdgas.

Gleichgewicht, chemisches: Zustand, bei dem die Hinreaktion und die Rückreaktion die gleiche Geschwindigkeit haben.

Gruppe: Säule bzw. Spalte im Periodensystem, Elementfamilie, z.B. Alkalimetalle (1. Gruppe) oder Edelgase (18. Gruppe). Die Elemente einer Gruppe haben die gleiche Anzahl von Außenelektronen und daher ähnliche chemische Eigenschaften.

Ion: Positiv oder negativ geladenes Atom oder Molekül.

Ionenbindung: Indem ein Elektron von einem Atom auf das andere übergeht, entsteht ein positives und ein negatives Ion. Die entgegengesetzten Ladungen ziehen sich an.

Isotope: Unterschiedliche Atomsorten ein und desselben Elements, die sich jedoch in ihrer Neutronenzahl unterscheiden.

Katalysator: Substanz, die eine chemische Reaktion beschleunigt, ohne dabei verändert oder verbraucht zu werden.

Katalyse: Prinzip, bei dem eine chemische Reaktion durch Herabsetzen der Aktivierungsenergie ermöglicht wird.

Kation: Positiv geladenes Atom oder Molekül. Kationen werden von der negativen Elektrode (Kathode) angezogen.

Kollisionsmodel: Auch Stoßmodell genannt. Zu einer chemischen Reaktion kommt es nur dann, wenn Teilchen auf die richtige Weise und mit ausreichender Energie aufeinanderstoßen.

Komplexbindung, koordinative Bindung: Komplexe bestehen aus einem zentralen Atom oder Kation, an das Anionen oder ungeladene Moleküle angelagert sind.

Kovalente Bindung: Auch Atombindung genannt. Chemische Bindung, bei der sich zwei Atome ein, zwei oder drei Elektronenpaare teilen.

Kristallgitter: Regelmäßige Anordnung von Atomen oder Ionen.

Leiter, elektrischer: Material, das elektrischen Strom leitet. Die elektrische Leitfähigkeit von Metallen beruht auf frei beweglichen Elektronen.

Lösung: Besteht aus mindestens einem festen, flüssigen oder gasförmigen Stoff, dessen Atome, Moleküle bzw. Ionen meist in einem flüssigen Lösungsmittel verteilt sind. Es gibt auch feste Lösungen.

Massenerhaltung: Bei chemischen Reaktion verändert sich die Gesamtmasse der beteiligten Stoffe nicht.

Massenzahl: Summe der Protonen- und Neutronenzahl eines Atomkerns.

Metall: Elemente, die leicht Elektronen abgeben und zu einem Kation werden. Meist glänzende, schwere und elektrisch leitende Feststoffe.

Metallbindung: Chemische Bindung, die durch die Anziehungskraft zwischen Metall-Kationen und frei beweglichen Elektronen verursacht wird.

Mischung, Gemenge: Kombination zweier oder mehr Substanzen in einem beliebigen Mengenverhältnis.

Modell: Vereinfachte Darstellung eines realen Objekts, mit dem sich diese Objekte erklären lassen. Atommodelle erklären das chemische Verhalten der Elemente.

Mol: Einheit der Stoffmenge. Ein Mol eines Stoffes ist die Atommasse bzw. Molekularmasse in Gramm. Ein Mol enthält $6{,}02*10^{23}$ Atome oder Moleküle.

Molekül: Zusammenschluss von zwei oder mehr Atomen über kovalente Bindungen.

Neutron: Ein Kernbaustein. Subatomares Teilchen ohne elektrische Ladung. Neutronen sind in etwa so schwer wie die positiv geladenen Protonen.

Orbital: Aufenthaltsort der Elektronen im Atom.

Ordnungszahl: Kernladungszahl. Zahl der Protonen in einem Atomkern.

Oxidation: Abgabe von Elektronen.

Periode: Reihe im Periodensystem (PSE). Es gibt sieben Perioden im PSE.

Periodensystem (PSE): Systematische tabellarische Zusammenstellung der chemischen Elemente.

Proton: Baustein des Atomkerns mit einfacher positiver Ladung.

Reaktionsgleichung: Beschreibt in einer Symbolschreibweise die Umwandlung von Ausgangsstoffen in Reaktionsprodukte.

Redoxreaktion, Reduktions-Oxidations-Reaktion: Chemische Reaktion, bei der Elektronen von einem Reaktionspartner auf einen anderen übergehen.

Reduktion: Aufnahme von Elektronen.

Reinstoff: Stoff, der einheitlich aus nur einer chemischen Verbindung oder einem chemischen Element besteht.

Schale: Im Schalenmodell jene Bahn, auf der sich Elektronen aufhalten können.

Schmelzpunkt: Temperatur, bei der ein Stoff vom festen in den flüssigen Zustand übergeht.

Siedepunkt: Temperatur, bei der eine Flüssigkeit in den gasförmigen Zustand übergeht.

Synthese: Chemisches Verfahren, mit dem aus den chemischen Elementen oder einfachen chemischen Verbindungen kompliziertere Verbindungen hergestellt werden.

Valenzelektronen: Elektronen der äußeren Schale. Die Valenzelektronen bestimmen die chemischen Eigenschaften eines Atoms.

Van-der-Waals-Bindung: Schwache zwischenmolekulare Bindung, die aufgrund kurzzeitiger Dipole zustande kommt.

Verbindung, chemische: Substanz, die aus zwei oder mehr chemischen Elementen besteht.

Wasserstoffbrückenbindung: Stärkste zwischenmolekulare Bindung.

ESA: 49ur (CNES/Arianespace); picture alliance: 6ul (Analyt.Ch.: TNS/ABACA), 11ul (akg-images), 12or (Heritage Images/ Ann Ronan Pictures), 21 (Haare: Mary Evans Picture Library/ Last Refuge/ ardea.com); Science Photo Library: 35ol (Giphotostock), 50ur (Nr.1: Andrew Lambert Photography), 50ur (Nr.2: Winters Charles), 53o (Giphotostock); Shutterstock: 2or (Reis: ANTONIO TRUZZI), 2ol (Stadion: Igor Link), 2mr (Gecko: flaviano fabrizi), 3mr (Feuerwerk: asiandelight), 3or (Rost: yanik88), 4or (Goldbarren: KsanderDN), 6ol (Anorgan.Ch.: Sebastian Janicki), 6ul (Organ.Ch.: Victor Moussa), 7ol (Biochemie: Sebastian Janicki), 7ol (Physikal.Ch.: Forance), 7ul (Atmosphärenchemie: Dima Zel), 7ul (Elektrochemie: Alexey Kabanov), 7or (Umweltchemie: Michal Dobes com), 7mr (Lebensmittelchemie: metamorworks), 7ur (Polymerchemie: Zahorui Ivan), 8ul (Designua), 9ol (Goldbarren: KsanderDN), 9ol (Diamant: Manutsawee Buapet), 9mm (Wolken: Pakhnyushchy), 9mr (Becherglas: Idea tank), 9ur (Pinguine: Tarpan), 11or (Phosphor: Sansanorth), 12u (Reis: ANTONIO TRUZZI), 12u (Stadion: Igor Link), 16mr (Chlorgas: Echelon Photography), 16ur (Luftballons: Andrei Kobylko), 20 (Kupferdraht: Marek Walica), 21ml (Gecko: flaviano fabrizi), 21ur (Pinguine: ENVIROSENSE), 23ol (Salzkristalle: Kuttelvaserova Stuchelova), 23ul (Metallische Bindung: anchalee thaweeboon), 23ur (Kupferdraht: Photology1971), 27mm (Gecko: flaviano fabrizi), 27u (Pinguine: ENVIROSENSE), 30ur (Rost: yanik88), 31mm (Streichhölzer: Chizhevskaya Ekaterina), 32ul (Pfanne: Branislav Nenin), 32um (Spiegeleier: zatvornik), 33ol (Aleksandr Grechanyuk), 33ur (Streichhölzer: Chizhevskaya Ekaterina), 34om (Michal Zduniak), 40ur (Katalysator: mipan), 42or (Radfahrer: Sunflower Light Pro), 43ol (Bleistift: Kucher Serhii), 43mr (Straßenbahn: Scharfsinn), 43ur (Batterie: Alexander Konradi), 44ur (Bleistift: Kucher Serhii), 44or (Diamant: MXW Stock), 45om (Graphen: koya979), 45or (Nanoröhren: Kateryna Kon), 45ur (Buckminster-Fulleren: Leonid Andronov), 47or (Radfahrer: Sunflower Light Pro), 48ur (Feuerwerk: asiandelight), 55ur (Batterie: Alexander Konradi), 57o (Alufolie: guy42), 57o (Flugzeug: phive), 59o (Straßenbahn: Scharfsinn); Wikipedia: 16or (Natrium: CC BY-SA 3.0/ Dnn87), 34um (CC-BY-SA-3.0/ Tavoromann), 49ol (Public Domain/ NASA)

Umschlag: Archiv Tessloff

Burgschmietstraße 2–4
90419 Nürnberg
qualitaet@tessloff.com
www.tessloff.com

Autor: Dr. Manfred Baur
Illustration, Grafik: Annelie Weißmann
Lektorat: Thomas Rath für booklab GmbH, München
Bildredaktion: Christine Schmidt-Rudloff
Druck: Livonia Print

ISBN 978-3-7886-7700-8

Das Periodensystem der Elemente

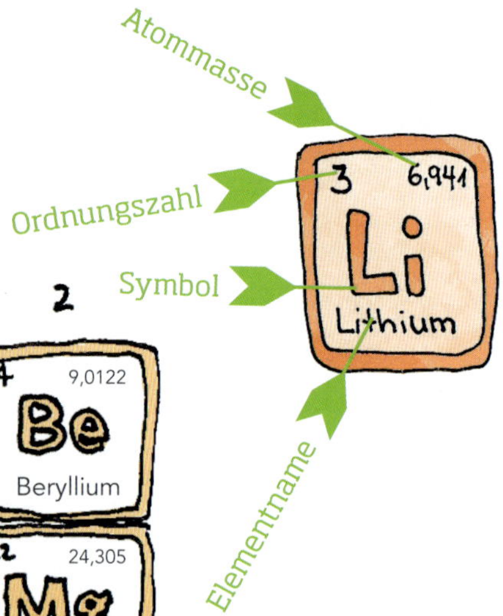

- Wasserstoff
- Alkalimetalle
- Erdalkalimetalle
- Übergangsmetalle
- Bor-Gruppe
- Kohlenstoff-Gruppe
- Stickstoff-Gruppe
- Sauerstoff-Gruppe
- Halogene
- Edelgase
- Lanthanoide
- Actinoide

Periode	1	2	3	4	5	6	7	8	9
1	1 H 1,0079 Wasserstoff								
2	3 Li 6,941 Lithium	4 Be 9,0122 Beryllium							
3	11 Na 22,990 Natrium	12 Mg 24,305 Magnesium							
4	19 K 39,098 Kalium	20 Ca 40,078 Calcium	21 Sc 44,956 Scandium	22 Ti 47,867 Titan	23 V 50,942 Vanadium	24 Cr 51,996 Chrom	25 Mn 54,938 Mangan	26 Fe 55,845 Eisen	27 C Kob
5	37 Rb 85,468 Rubidium	38 Sr 87,62 Strontium	39 Y 88,906 Yttrium	40 Zr 91,224 Zirkonium	41 Nb 92,906 Niob	42 Mo 95,96 Molybdän	43 Tc (98) Technetium	44 Ru 101,07 Ruthenium	45 R Rhod
6	55 Cs 132,91 Cäsium	56 Ba 137,33 Barium	57-71 La-Lu Lanthanoide	72 Hf 178,49 Hafnium	73 Ta 180,95 Tantal	74 W 183,84 Wolfram	75 Re 186,21 Rhenium	76 Os 190,23 Osmium	77 I Iridi
7	87 Fr (223) Francium	88 Ra (226) Radium	89-103 Ac-Lr Actinoide	104 Rf (267) Rutherfordium	105 Db (268) Dubium	106 Sg (271) Seaborgium	107 Bh (272) Bohrium	108 Hs (277) Hassium	109 M Meitne

57 La 138,9 Lanthan	58 Ce 140,12 Cer	59 Pr 140,91 Praseodym	60 Nd 144,24 Neodym	61 Pm (145) Promethium	62 Sm 150,36 Samarium	63 Eu 1 Europiu
89 Ac (227) Actinium	90 Th 232,04 Thorium	91 Pa 231,04 Protactinium	92 U 238,03 Uran	93 Np (237) Neptunium	94 Pu (244) Plutonium	95 Am Americiu